伟大历程
群星璀璨

（小学版）

主　编　陈宗杰
编　写　杜惠英　贾　玮
　　　　黄建伟　孙寿玉
　　　　陶　莎　陈宗杰

南京大学出版社

图书在版编目(CIP)数据

伟大历程 群星璀璨：小学版 / 陈宗杰主编. —南京：南京大学出版社，2021.4(2021.7 重印)
ISBN 978-7-305-24344-8

Ⅰ.①伟… Ⅱ.①陈… Ⅲ.①爱国主义教育—小学—课外读物 Ⅳ.①G621.4

中国版本图书馆 CIP 数据核字(2021)第 060085 号

出版发行	南京大学出版社
社　址	南京市汉口路 22 号　　邮　编 210093
出版人	金鑫荣
书　名	伟大历程　群星璀璨(小学版)
主　编	陈宗杰
责任编辑	金春红
照　排	南京紫藤制版印务中心
印　刷	南京新洲印刷有限公司
开　本	880×1230　1/32　印张 5.75　字数 180 千
版　次	2021 年 4 月第 1 版　2021 年 7 月第 3 次印刷
ISBN	978-7-305-24344-8
定　价	20.00 元

网　址：http://www.njupco.com
官方微博：http://weibo.com/njupco
官方微信：njupress
销售咨询热线：(025)83594756

* 版权所有，侵权必究
* 凡购买南大版图书，如有印装质量问题，请与所购图书销售部门联系调换

前　言

我们中华民族有着五千多年的文明历史,创造了灿烂的中华文明,为人类做出了卓越贡献,成为世界上伟大的民族。

1840年鸦片战争后,中国陷入内忧外患的黑暗境地,中国人民经历了战乱频繁、山河破碎、民不聊生的深重苦难。

"十月革命一声炮响",给中国送来了马克思列宁主义。1921年,中国共产党诞生了!

历经28年浴血奋战,中国共产党带领各族人民打败了日本侵略者,推翻了国民党反动统治,建立了中华人民共和国。从此,中国人民站起来了,中华民族走上了实现伟大复兴的壮阔道路。

历经七十多年艰苦卓绝的社会主义革命、建设和改革开放,中国共产党带领各族人民取得了伟大成就,中华民族的命运发生了从"站起来""富起来"到"强起来"的伟大飞跃。

今天,社会主义中国巍然屹立在世界东方!没有任

前言

何力量能够撼动我们伟大祖国的地位,没有任何力量能够阻挡中国人民和中华民族前进的步伐。

百年历程告诉我们,历史和人民选择中国共产党领导中华民族伟大复兴的事业是正确的!必须长期坚持、永不动摇;中国共产党领导中国人民开辟的中国特色社会主义道路是正确的!必须长期坚持、永不动摇;中国共产党和中国人民扎根中国大地、吸纳人类文明优秀成果、独立自主实现国家发展的战略是正确的!必须长期坚持、永不动摇。

百年历程证明,中国共产党是为人民谋幸福、为民族谋复兴的党,是经受住各种风险考验、不断成熟自信的党,是坚强带领全国各族人民,坚持和发展中国特色社会主义的党!

千百万共产党员奋斗在百年历程中,其中一些已经光荣牺牲,献身党的事业!"天地英雄气,千秋尚凛然。"他(她)们如同繁星,闪耀在中国共产党的历史苍穹中,装点着华夏灿烂星空,美化着中华大好河山。他(她)们是我们永远的骄傲和榜样!

中国的昨天已经写在了人类史册上,中国的今天正在亿万人民手中创造,中国的明天必将更加美好。中国共产党不忘初心、牢记使命,团结带领各族人民,继续把我们的人民共和国巩固好、发展好,继续为实现中华民族伟大复兴的中国梦,努力奋斗!

目 录

一、前仆后继　建国立业
　1. 伟大的"红船精神" ……………………………… 003
　2. 红军二万五千里长征 …………………………… 012
　3. 冒着敌人炮火前进 ……………………………… 023
　4. "三大战役"锁定胜利 …………………………… 036

二、艰难探索　奋勇前行
　1. 抗美援朝　保家卫国 …………………………… 048
　2. 白手起家　恢复经济 …………………………… 064
　3. "三线"建设立奇功 ……………………………… 077
　4. "两弹一星"树国威 ……………………………… 086

三、改革开放　决胜小康
　1. 消除贫困　共同富裕 …………………………… 099
　2. 人民城市为人民 ………………………………… 108
　3. 重大工程　震撼世界 …………………………… 118
　4. 文明美丽　和谐发展 …………………………… 129

四、举旗逐梦　奔向强国
　1. 让人民生活更加美好 …………………………… 142
　2. 努力建设现代化 ………………………………… 153
　3. 构建人类命运共同体 …………………………… 163
　4. 永葆先进　继续奋斗 …………………………… 173

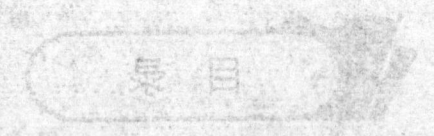

一、前仆后继　建国立业

实现中华民族伟大复兴,必须首先推翻压在中国人民头上的帝国主义、封建主义、官僚资本主义三座大山,实现民族独立、人民解放、国家统一、社会稳定。

中国共产党带领各族人民,进行了28年浴血奋战,1949年建立中华人民共和国,彻底结束了半殖民地、半封建社会的历史,实现了中国从几千年封建统治,向人民民主的伟大飞跃。

历史足迹

1. 1921年7月23日至31日,中国共产党第一次全国代表大会召开,宣告中国共产党的成立。

2. 1927年8月7日,中共中央政治局在汉口召开紧急会议,批判和纠正了陈独秀右倾机会主义错误,确定了土地革命和武装斗争的总方针。毛泽东出席会议,并提出"枪杆子里出政权"的著名论断,为挽救党和革命做出了巨大贡献。

3. 中央红军于1934年10月10日由江西瑞金等地出发,开始二万五千里长征。

一、前仆后继　建国立业

4. 1935年1月,中共中央政治局,在贵州遵义召开会议,确立毛泽东的领导地位。
5. 1935年12月,中共中央召开会议,确定建立抗日民族统一战线。
6. 1945年4月23日至6月11日,中国共产党第七次全国代表大会在延安召开。这次会议确定了党的政治路线并确立了毛泽东思想为党的指导思想。
7. 1949年3月5日至13日,中共七届二中全会在河北平山县西柏坡举行。
8. 1949年4月23日,人民解放军解放南京,革命红旗飘扬在曾经的总统府上空。
9. 1949年10月1日,中华人民共和国成立,开辟了中国历史新纪元。

1. 伟大的"红船精神"

1921年7月,中国共产党第一次代表大会,先在上海秘密举行,后转移到浙江嘉兴的一艘游船上进行,在这艘游船上完成了大会议程,宣告中国共产党的成立。

因为是在嘉兴的这艘游船上诞生了中国共产党,所以这艘游船便获得了一个雅号——"红船"。"红船"所体现的革命先辈精神,就是"红船精神"。

经典回顾

中国共产党第一次代表大会

在上海 中国共产党第一次代表大会于1921年7月23日至30日,在上海市兴业路76号(原望志路106号)秘密召开。有13名代表出席,代表了全国57名共产党员。

上海 中共"一大"会址

会议开到30日,法租界巡捕房的一个华人探长,突然闯入楼房,到处张望。具有丰富秘密工作经验的共产国际代表,建议立即停会,大家分头离开。果然,十几分钟后两辆警车呼啸而来,包围了会场,法籍警官亲自带人进入室内,询问搜查,没有找到多少证据,威胁警告一番后就撤走了。

这次冲击虽然没有带来重大损失,但会议不能再在原地进行了。在场的李达夫人王会悟提议到嘉兴南湖开会,因为那里离上海很近,又容易隐蔽。大家都赞成这个提议。

浙江　南湖"红船"

在南湖　第二天清晨(7月31号),代表们分两批乘火车前往嘉兴,登上事先租好的南湖画舫,继续召开会议。这次会议,确定了党的名称、奋斗目标、基本政策,提出发展党员、建立地方和中央机构等组织制度,并对今后党的工作作出安排部署。

会议在齐呼"中国共产党万岁"声中闭幕。

八一南昌起义

1927年4月12日,蒋介石在上海疯狂地捕杀共产党员和革命群众,仅4月12日至15日,就有300多人被杀,500多人被捕,5 000多人失踪。继上海大屠杀之后,广州、北京等地的反动派也向人民举起了屠刀。

面对国民党反动派的屠杀,中共中央决定委任周恩来为前敌委员会书记,以武装起义的方式夺取政权。

1. 伟大的"红船精神"

1927年8月1日,周恩来、贺龙等率领的起义军3万余人,在南昌举行武装起义,向驻守南昌的国民党军发动进攻。经过5小时的激战,起义军全歼国民党守敌1万多人,占领了南昌城。第二天,成立以共产党员为领导核心和国民党左派人士参加的革命委员会,颁布了《八一革命宣言》和《土地革命宣传大纲》等文件。

剧照:八一南昌起义

南昌起义打响了武装反抗国民党反动派的第一枪,是中国共产党独立领导武装革命的开始。后来将8月1日定为中国人民解放军建军节。

井冈山革命根据地

农村包围城市,最后夺取全国胜利的革命道路,是以毛泽东为代表的中国共产党人,在领导中国革命实践中逐步摸索出来的一条具有中国特色的发展道路和总战略。

1927年大革命失败后,中国共产党遇到了前所未有的困难。但是中国共产党和中国人民并没有被吓倒,被征服,被杀绝。他们从地上爬起来,揩净身上的血迹,掩埋好同伴的尸首,继续战斗。

江西,井冈山。这里是中国革命的摇篮,这里是人民军

一、前仆后继　建国立业

中国第一个农村革命根据地

队的摇篮。中国革命从这里拉开了序幕。

1928年10月,"朱毛"会师井冈山,建立了共产党领导的第一个革命根据地。它的诞生,使祖祖辈辈受剥削、受压迫的劳动人民看到了希望,看到了曙光。因为共产党所领导的红色政权,是人民自己的政权,是为广大劳苦大众谋利益的。

在井冈山,工农革命军得到了发展,毛泽东明确提出工农革命军的三大任务和三大纪律、六项注意;在总结反围剿的基础上概括出"敌进我退,敌驻我扰,敌疲我打,敌退我追"的游击战16字诀。

正如邓小平后来所言:"我们这个军队有好传统。从井冈山起,毛泽东同志就为我军建立了非常好的制度,树立了非常好的作风。"

井冈山革命根据地建立后,各地共产党人也开始领导武装起义,建立革命根据地。到1930年,全国建立了大大小小十几个农村革命根据地,星星之火,呈燎原之势。

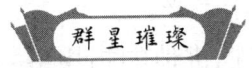

群星璀璨

伟大先驱李大钊

1918年8月,作为主要发起人之一,李大钊创建了少年中国学会,并亲自介绍毛泽东等人加入。1920年3月,李大钊和邓中夏、陈独秀等人,秘密发起马克思学说研究会。同年秋,李大钊又领导建立了北京的共产党早期组织。

在俄罗斯保存的档案资料里,有一段珍贵的影像资料,这是1924年6月,李大钊率中共代表团到莫斯科,参加共产国际"五大"时的一段演讲,它让我们第一次目睹到这位年轻的中国共产党党员的风采。当时一大批进步青年聚集到李大钊的周围,寻求马克思主义真理。中国共产党成立后,李大钊代表党中央指导北方地区党的工作,宣传马克思主义,开展工人运动,建立党的组织,开展了轰轰烈烈的反帝、反军阀斗争。

在中国国家博物馆里,存放着一件编号为0001的珍贵馆藏文物——一座绞刑架。1927年4月28日,李大钊38岁的生命,就终结在这座绞刑架上。

1927年4月6日,奉系军阀张作霖派出的警察、便衣,蜂拥进入北京东交民巷苏联大使馆,将李大钊等数十人抓走,包括他年仅3岁的小儿子。

其实在大使馆被包围的前几天,中共秘密党员杨度就得知了这一消息,并赶紧把这一消息传递给李大钊。但李

一、前仆后继　建国立业

大钊让一些年轻的同志先撤退,自己却留了下来。

敌人对李大钊用尽酷刑,甚至将竹签插进他的指甲缝,最后竟剥去了他双手的指甲。李大钊始终坚贞不屈,大义凛然。

李大钊

接着,敌人又用高官厚禄收买李大钊。李大钊说道:"大丈夫生于世间,宁可粗布以御寒,安步以当车,就是断头流血,也要保持民族的气节,绝不能为了锦衣玉食,就去向卖国军阀讨残羹剩饭,做无耻的帮凶和奴才!"

1927年4月28日上午11时,李大钊从容走上绞刑台,在生命的最后一刻呼喊道:"不能因为你们绞死了我,就绞死了共产主义!我们已经培养了很多同志,如同红色的种子,撒遍各地。我们深信,共产主义在世界、在中国必然要得到光荣的胜利!"

贺龙:南昌起义总指挥

在蒋介石、汪精卫发动反革命政变时,贺龙已经是国民革命军20军军长。北伐中,20军被称为"钢军",这支能征善战的队伍是各方拉拢的对象。蒋介石以高官厚禄利诱,派人送来金条银洋,还许愿让贺龙当安徽省省长。贺龙对他们说:"国民党我不入,要入党就参加共产党。"南昌起义前,贺龙还不是共产党员,但他在共产党人的影响下,信仰中共的主张,听从中共的指挥,举全军之力,铁心跟共产党走。

周恩来曾经高度评价他:"贺龙当时领导一个军,是起义军的'大户',他性格豪爽,斗争坚决,什么敌人也不怕。在最困难的时候,下定决心跟党走。"贺龙后来回忆南昌起义时说:"七月底,汪精卫决定在庐山召开军事会议。这时,我们只有两种选择,要就上庐山,要就开到南昌。那时,我主意已定,就是跟着共产党走。"

八一南昌起义主题雕塑

坚贞不屈的陈潭秋

1920年秋,陈潭秋和董必武等在武汉成立了共产党早期组织。1921年7月,陈潭秋出席了党的"一大"。

1933年初夏,陈潭秋到中央苏区工作,任福建省委书记;1935年8月赴莫斯科参加共产国际第七次代表大会;后参加中国共产党驻共产国际代表团的工作。

1939年5月,陈潭秋奉命回国,任中共中央驻新疆代表和八路军驻新疆办事处负责人。他同新疆反动军阀盛世才进行了灵活巧妙的斗争。当盛世才公开走上反苏反共道路后,党中央同意在新疆工作的共产党员全部撤离。陈潭秋

一、前仆后继　建国立业

陈潭秋

把自己列入最后一批撤退名单,坚决表示:"只要还有一个同志,我就不能走。"

1942年9月17日,陈潭秋被捕。敌人对陈潭秋施以酷刑,逼迫他"脱党"。陈潭秋始终坚贞不屈,坚定地说:"我们共产党人,头可断,血可流,志气不能丢。"

1943年9月27日,陈潭秋被敌人秘密杀害于狱中,年仅47岁。

从建党到牺牲,陈潭秋历任多地、多处党的负责人。1945年召开中共"七大"时,代表们因不知其牺牲的噩耗,还选举他为中央委员,其功绩始终为党内同志怀念。

2009年9月14日,陈潭秋被评为"100位为新中国成立作出突出贡献的英雄模范"。

井冈英雄何挺颖

何挺颖,1924年中学毕业后考入上海大同大学数学系,同时开始接受革命思想影响。1925年5月参加五卅运动,6月加入中国共产主义青年团。随后为了革命的需要,他不顾老师和亲朋规劝,毅然转入上海大学社会系,学习革命理论。同年冬,何挺颖转为中国共产党党员。

1928年4月,朱德、毛泽东率领的两支红色武装在井冈山胜利会师,何挺颖任第三十一团党代表。在毛泽东、朱德

1. 伟大的"红船精神"

何挺颖塑像

的领导下,何挺颖率部参加了多次战争。他政治坚定,作战勇敢,指挥果断,成为井冈山时期我军著名的军事指挥员和党的优秀干部,为井冈山革命根据地的创建,做出了重要贡献。

1928年8月,在著名的黄洋界保卫战中,何挺颖与团长朱云卿指挥不足一个营的兵力,在人民群众的配合下,击溃了国民党军四个团的轮番进攻,取得了黄洋界保卫战的胜利,保存了井冈山革命根据地。毛泽东为此欣然写下了《西江月·井冈山》。10月参加中共湘赣边界特委第二次代表大会,何挺颖被选为边界特委委员。同年冬,任红四军第二十八团党代表兼团党委书记。

1929年1月14日,何挺颖随毛泽东、朱德、陈毅率领红四军主力离开井冈山,转战赣南闽西,开辟新的根据地。1月下旬,何挺颖在江西大庾战斗中身负重伤,转移途中又遭敌袭击,不幸壮烈牺牲,年仅24岁。

2. 红军二万五千里长征

从1934年10月至1936年10月,中国共产党领导工农红军,以非凡的智慧和大无畏的英雄气概,战胜千难万险,付出巨大牺牲,胜利完成了震撼世界、彪炳史册的二万五千里长征。

这一惊天动地的革命壮举,是中国共产党及其领导下的工农红军谱写的壮丽史诗,是中华民族伟大复兴历史进程中的巍峨丰碑!

经典回顾

血染湘江

广西兴安县的界首镇,是中国版图上并不起眼的一个小点。但是80多年前,就是在界首镇江边一个小小的渡口,中央红军在这里进行了一场血战,使得敌人围歼红军的企图宣告破产。

这是怎样的一场血战!红三军团为了挡住扑向渡口、扑向中央纵队的敌人,在这里死守四天四夜,师以下团营连指挥员,几乎全部阵亡;红一军团在脚山铺一带阻击敌人,付出了牺牲3 000多人的沉重代价;红五军团第34师担任总后卫任务,全体将士用血肉之躯铸成铜墙铁壁,与敌人血

2. 红军二万五千里长征

战数日……

"暗红的血,像无数条蚯蚓在焦黑的土地上蠕动。山上山下,遗体一具挨着一具,有的俯卧,仍紧紧握着枪;有的仰躺,望着冬日苍白的天空;被炮火烧焦的树上,挂着血肉模糊的残肢和烂成碎片的军衣,在寒风中轻轻抖动,像一簇簇灰色的野火……"这是后人描述当年红34师的战场。然而,这支红军队伍的悲壮惨烈,真的很难用语言和文字表达!

许多红军将士当年连名字都没有留下,就将满腔热血洒在红色沃土,将英魂融入滔滔北去的湘江。

血染湘江

"为有牺牲多壮志,敢教日月换新天"。据介绍,湘江战役是红军自长征出发以来最壮烈的一仗,也是关系红军生死存亡的关键一仗。中央红军由长征出发时的8.6万人,减少到3万余人。红军以数万将士的巨大牺牲,撕开了数十万国民党军的重重包围。

四渡赤水

1935年1月遵义会议后,中央红军准备北渡长江,到四川西北地区建立苏区。1月29日西渡赤水河,挺进到云南扎西(今威信)地区。蒋介石急忙增强长江防御。为争取主动权,中央红军突然回师东进,于2月18日至21日,二渡赤

一、前仆后继　建国立业

水河,再次攻占遵义,取得了长征后第一个大胜仗。

宣传画:四渡赤水

为迷惑敌人,3月16日,中央红军三渡赤水河,进入四川古蔺地区。蒋介石急忙调兵西追。中央红军突然折回向东,于3月21日四渡赤水河,并于31日南渡乌江,将敌军甩在乌江以北。然后直逼贵阳,威胁昆明。当敌调兵回救昆明时,中央红军又于5月上旬巧渡金沙江,彻底摆脱数十万敌军的围追堵截。

四渡赤水,使红军跳出了数倍于自己的敌军包围圈,变被动为主动,把一盘死棋走活。如果说遵义会议,是中国革命生死攸关的转折点,那么,真正拯救红军和中国革命的,就是红军统帅毛泽东指挥的四渡赤水战役。

强渡大渡河

强渡大渡河是指1935年5月中国工农红军在四川省越西县安顺场渡过大渡河的战斗,也是长征途中一次著名战斗。

25日晨,红一团开始强渡大渡河。刘伯承、聂荣臻亲临前沿阵地指挥。红一团第一营营长孙继先从第二连挑选17名勇士组成渡河突击队,连长熊尚林任队长,由帅士高等4名当地船工摆渡。这一战关系全军成败,完成了任务,就为全军打开一条通向胜利的道路。7时,强渡开始,岸上轻重武

2. 红军二万五千里长征

器同时开火,掩护突击队渡河。突击队冒着川军的密集枪弹和炮火,在激流中前进。快接近对岸时,川军向渡口反冲击,杨得志命令再打两炮,正中川军。十七勇士战胜了惊涛骇浪,冲过了敌人的重重火网,终于登上了对岸。

强渡大渡河

敌人见红军冲上岸滩,便往下甩手榴弹。智勇双全的勇士们,利用又高又陡的台阶死角作掩护,沿台阶向上猛烈冲杀。在右岸火力的支援下,勇士们击退了川军的反扑,控制了渡口,后续部队及时渡河增援,一举击溃川军一个营,巩固了渡河点。随后,红一军团第一师和干部团,由此渡过了被国民党军视为不可逾越的天险大渡河。

强渡大渡河是红军的一次生死之战。十七勇士在作战中的英雄壮举,在中国革命战争史上写下了光辉的一页。

飞夺泸定桥

中央红军渡过金沙江后,向大渡河挺进。红军一开始选择的渡河地点在安顺场,虽然占领了渡口,但由于水深流急,无法架设浮桥,而红军仅找到4只小船,大部队难以迅速过河。

毛泽东同周恩来、朱德到达安顺场,听取汇报后,决定派中央红军主力火速抢占泸定桥。在后有追兵的危急情势

一、前仆后继　建国立业

飞夺泸定桥

下,能否夺取大渡河上唯一桥梁——泸定桥,就成为红军是否能够胜利渡河、脱离险境的关键。

泸定桥距安顺场320里,全是山路,一面是悬崖陡壁,一面是奔腾咆哮的大渡河,河边是坎坷不平的羊肠小道。红二师四团作为先锋队27日早上从安顺场出发,一面行军,一面打仗,头一天行程仅80余里。要想29日赶到泸定桥,余下的240里要在一天时间走完,当时还下着大雨,其困难可想有多大。在红四团向泸定桥急行军的时候,对岸川军刘文辉部队也在向泸定桥增援。在对岸敌人累得停下宿营时,红四团战士还在拼命往前赶,最后硬是创造了一天一夜急行军240里的奇迹,于29日清晨抢占了泸定桥的西桥头。

红军到达泸定桥时,敌人已经把桥上的木板全拆除了,铁索离水面很高,下面是奔腾的河水,上面的木板被拆得七零八落,只能依赖13条光溜溜的铁索。这样一座铁索桥,别说要在枪林弹雨中夺过来,就是走过去也让人不寒而栗。

红军没有退路,夺占泸定桥是唯一选择。面对困难,红军战士勇往直前,义无反顾,22位勇士组织成突击梯队,攀着桥栏,踏着铁索向对岸冲;其他部队跟在后面,边冲锋边铺木板。突击队员刚冲到东桥头,敌人就放起火来,东桥头顿时被熊熊大火包围。红军勇士奋不顾身冲进大火,穿过滚滚浓烟,与敌军展开生死搏斗,最终,敌人只得丢桥溃逃。

翻越夹金山

翻越夹金山

夹金山是四川的一座高山。夹金山在藏语中称"甲几",意为很高、很陡,"夹金"为译音。山上云雾缭绕,白雪皑皑,空气稀薄,没有人烟,气候无常。"夹金山,夹金山,鸟儿飞不过,人不可攀。要想越过夹金山,除非神仙到人间!"这首藏乡民谣,就是对夹金山恶劣环境的真实写照。80多年前,红军将士凭着顽强的意志,完成了三次徒步翻越夹金山:

第一次是在1935年6月中旬,红一方面军主力陆续翻越夹金山王母寨垭口(海拔4 114米)进至达维,与红四方面军会师;红一师则翻越了程胡岭垭口(海拔高度4 400米至4 500米),与红四方面军接应部队会合。

第二次是在1935年10月下旬,红四方面军一部及中央红军中没有随主力北上而留下的部分红军,从懋功(今小金县)翻越夹金山,南下西康。

第三次是在1936年2月,红四方面军及留下的部分中央红军南下,在西康受阻,又从宝兴翻越夹金山王母寨垭口,经达维、懋功、丹巴向西转移去康北。其中,留下的那部分中央红军有的三次翻越夹金山。

众多红军将士,长眠在茫茫雪山。大地为之动容,雪山为之哀伤……

一、前仆后继　建国立业

胜利大会师

会宁会师

1936年7月2日，红四方面军在甘孜，和来自湘鄂川黔革命根据地的红二、红六军团会合。红二、红六军团加上红三十二军合编为红二方面军，由贺龙任总指挥，任弼时任政委。随后，红四方面军和红二方面军一起北上。

1936年10月，红一、红二、红四方面军在甘肃会宁、静宁地区胜利会师。

3支红军会合时虽不足3万人，但他们是经过千锤百炼后保存下来的力量，是中国共产党和红军的宝贵精华。正当抗日烽火即将在全国燃起的时候，3支主力红军在接近抗日前线的陕北会师，具有重大的历史意义。

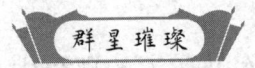

群星璀璨

断肠明志的陈树湘

陈树湘出生在长沙县福临镇一个贫苦的佃农家庭。1914年因家乡遭大旱，他随父亲流落到长沙小吴门外的陈家垅，以种菜、帮厨为生。1925年7月，陈树湘加入中国共产党。

2. 红军二万五千里长征

投身革命后,陈树湘决心为老百姓打出一个新世界。随后他参加了一系列战争,在战火中逐渐成长为一名英勇善战的红军指挥员。

1934年10月,长征开始了,陈树湘奉命率红三十四师担任后卫部队。在突破国民党军第四道封锁线时,陈树湘率全师指战员,顽强抗击十几倍于己的敌军,以血肉之躯保护党中央和主力红军,从敌人的围追堵截中杀出一条血路。

湘江战役是红军历史上最惨烈的一次战役。

在这次突围作战中,陈树湘不幸腹部中枪受伤,落入敌手。1934年12月17日傍晚,正在药铺吃饭的敌营营长,听说抓到一名红军师长,欣喜若狂,装出一副笑容,要去搀扶陈树湘,陈树湘看也不看他一眼。敌营长企图从陈树湘口里得到红军情报,好向上级请赏,便软硬兼施地进行诱降,送药物医治。陈树湘大义凛然,拒医拒食,视死如归。

敌营营长问陈师长:"你们有多少红军?"陈树湘回答"湖南都是"。敌营长又问:"你杀过我们多少人?"陈树湘说他参加红军"打过数百仗,受了十几处伤,为人民消灭了不少害人虫"。陈树湘还大义凛然地说:"你们抓住一个陈树湘,这算不了什么,全国还有千千万万个共产党员和红军战士。革命的烈火,你们是永远扑不灭的!"

敌人用担架抬着他去向上司邀功。陈树湘趁敌人不备,将手从伤口处伸进自己的腹腔,扯出肠子,用力绞断,壮烈牺牲。以短暂而光辉的一生,铸就了不朽的红军英魂,年仅29岁。

陈树湘没有后人,就连照片也没有留下一张。现在留存于世的陈树湘画像,是根据他的生前战友、红三十四师幸存者韩伟将军口述的面貌特征,请画家专门绘画出来的。

2009年,陈树湘当选为"100位为新中国成立做出突出贡献的英雄模范人物"。

任弼时在长征途中

中国共产党创建才几个月,不满十七岁的任弼时就成为党员。此后他以钢铁般的意志和刻苦耐劳的精神,奋斗三十年。他虽英年早逝,其精神却在党内影响至深。

带病西征

1934年,红军六团向湖南中部转移,时任红六军团军政委员会主席的任弼时,得了很重的疟疾,脸色蜡黄,常常满身虚汗,发烧时,头和手脚都会肿起来,但他从没哼过一声,仍然坚持指挥西征中的重大战斗行动。

部队在贵州期间,红军一天吃不上一顿饭,常常饿着肚子行军打仗,更别说吃药看病了。任弼时忍受着疾病的折磨,照常研究战局,安排部队的工作。战士们见他病得厉害,给他扎了一副担架,让他躺上去,他总是说"不用,不用",硬是凭着坚强的革命意志,手拄着木棍,率领全军前进。

草地故事会

长征途中,任弼时不管碰到什么艰难困苦,都以谆谆的言语、娓娓动听的故事激励战士们克服困难,坚持北上。部队晚上宿营的时候,任弼时的篝火旁总是密密麻麻地围满

2. 红军二万五千里长征

雕塑：长征途中

了人。战士们虽然肚子里装的是野菜、树皮汤，但一个个都屏住呼吸，聚精会神地听任弼时操着湖南口音，讲太平天国的故事，讲井冈山斗争的故事。

围在篝火边的红军战士好些天都没吃到过粮食了，再加上日日行军，十分疲劳。但听了任弼时的话，他们总能个个信心百倍，精神倍增。

半根牛皮带

长征中任弼时坚持与群众同甘共苦。战士们睡稻草，他也睡稻草；大家挨饿受冻，他也同样挨饿受冻。大家休息了，他却经常得不到休息，还要忙着了解部队行军作战的情况，部署行军路线和作战计划。爬雪山的时候，他自己身体很差，却把马让出来，用于往返抢救受伤和体弱生病的战士们。寒冷的雨天，他毫不犹豫地把自己身上的大衣脱下，盖在伤员吴昆身上。警卫员刘永珍病了，他把仅有的一颗药丸给小刘服用。红二、红六军团过草地的时候，一连走了十几天，粮食没有了，野菜也挖不到了。一天，警卫员正发愁找不到可吃的东西给首长做饭。任弼时随手从草地上拔起一把草,乐呵呵地说:"野草甜,野草香,红军粮食满山岗。这不就是吃的吗?"警卫员说:"草不能吃。"

半根牛皮带

任弼时略一思索,一眼看见警卫员身上的牛皮手枪背带,便乐了,说:"快把皮带解下来,这个加工一下可以吃呀!"任弼时让警卫员找来一把小刀,一人扯住皮带一头,一寸一块,第一次割了8块。任弼时点起火,把牛皮扔进火堆里烧了起来。当牛皮烧得见焦时,他就很有经验地把皮面上的黑焦煳刮掉,再把牛皮放到水里煮。这东西是煮不烂的。煮了一个多小时,任弼时幽默地说:"可以了,咱们吃牛肉吧。"便带头夹起一块吃起来,一面"咯吱咯吱"地嚼着,一面风趣地说:"这东西很有味道。"

这时,军团其他领导贺龙、关向应正好路过,也各自夹起一块尝了尝,连声说:"这比野菜强。你们真有办法。"于是,军团首长号召部队吃牛皮带,以解决部队的粮荒。即使这样,任弼时还不忘嘱咐一句:"牛皮带也不多,大家要有计划地吃,节约地吃。"

任弼时当时有两条牛皮带,最后吃得只剩半条,他在这条未吃完的皮带上用钢笔写下一行字:"越吃越健康,将革命进行到底!"现在,这半根牛皮带,作为革命文物,珍藏在中国人民革命军事博物馆中。

3. 冒着敌人炮火前进

中国人民抗日战争的胜利是100多年来中国人民反抗外敌入侵,第一次取得完全胜利的伟大民族解放战争,也是中华民族走向复兴的历史新起点。

经典回顾

伟大的东北抗联

东北抗日联军,是中国共产党创建最早的抗日武装。在冰天雪地里他们苦战14年,牵制了数十万日伪正规军。杨靖宇、赵一曼、赵尚志……一个个英雄的名字,永垂史册。

这是怎样的一种精神?提起白山黑水间的那段抗战岁月,92岁的抗联老战士李敏曾不禁热泪盈眶:"没有粮食吃,大家就吃草根、吃树皮、吃皮带、吃棉袄里的棉花籽……在抗联,牺牲比活着容易,但我们得活着,活着打鬼子!"

这是怎样的一种无畏?"如果中国人都投降了,那还有中国吗?"弹尽粮绝、身陷重围,东北抗联第1路军总指挥杨靖宇,对前来劝降的人这样说。

这是怎样的一种壮烈?顽强战斗,使抗联部队从最多时的3万多人锐减到最少时不足2000人。军以上领导干部牺牲40多位,师级干部牺牲100多位。

一、前仆后继　建国立业

中共党员、抗联名将赵尚志牺牲后,敌人残忍地割下他的头颅。得知死讯后,赵尚志的老父亲没有落泪,平静地对家人说:"我死后,在我坟前戳个板儿,上面写上'赵尚志之父'五个字足矣。"

东北抗联战旗

老照片:东北抗联战士

东北抗日联军在敌强我弱、环境极端恶劣的条件下,与敌人殊死搏斗5 000多个日夜。东北抗联作战环境恶劣、条件艰苦、战斗惨烈。在冬季零下三四十摄氏度的极度严寒中作战,抗联官兵竟仅穿着有窟窿的单衣;在雪地里宿营、行军,有的官兵脚趾竟被冻掉;没有粮食,树皮、草根竟成为官兵的"美味佳肴"……

但官兵们在中国共产党的领导下,继续高举抗日旗帜,团结东北各族人民,与日本侵略者进行着殊死斗争。从1931年到1945年,日军在东北共死伤18万余人,伪军死伤5万余人。

1945年8月15日,日本宣布无条件投降,东北抗日联军部队利用与苏军配合作战的有利条件,迅速占领了70余座大中城市和县镇,并在苏军配合下,保卫抗战胜利成果,建立巩固的东北根据地。

3. 冒着敌人炮火前进

平型关大捷

1937年9月25日，中国共产党领导的八路军115师，以一场漂亮的战役，打破了日军"不可战胜"的神话。这场战斗，就是历史上著名的"平型关大捷"。

"平型关大捷"指1937年9月25日，八路军115师在平型关地区，首次集中较大兵力对日军进行的一次成功伏击战。

1937年25日7时许，设伏部队685团所部首先发现敌军，由100余辆汽车组成的车队由西向东钻进了八路军的伏击圈。稍后不久，又有一支由200余辆大车组成的

老照片：敌人进入埋伏圈

日军运输部队向西行军，也闯入了八路军的设伏阵地。7时30分左右，日军已全部进入我军伏击区。

伴随着两颗信号弹腾空而起，埋伏已久的战士们向敌人发起猛烈攻击。所有武器一齐对准敌阵，喊杀声、枪炮声响彻山谷，日军顿时被打得人仰马翻，乱作一团。但是，在短暂的混乱之后，日军很快恢复了指挥，并依托汽车等掩体向我军阵地疯狂扫射。

随着战斗的进行，我军武器射程短、弹药少的劣势逐渐暴露了出来。为了避免更大的牺牲，我军指战员决定立即

一、前仆后继　建国立业

老照片：伏击杀敌

发起冲锋,战士们在冲锋号声中以猛虎下山之势冲入敌阵,与日军展开激烈的白刃肉搏战。战斗进行得极其惨烈,很多连队伤亡过半,依然在与日军顽强拼杀。战士们心中只有一个信念,"消灭鬼子,全歼敌人"。子弹打光了就用大刀砍,大刀砍钝了就用石头砸,实在不行就跟日军赤手肉搏。拼杀声一直持续到15时左右才逐渐沉寂。最终,除了极少数日军得以逃窜之外,八路军几乎全歼了来犯之敌。

这一仗,打击了日军的狂妄气焰,打出了八路军的威风,打出了中国军人的精神,打出了中国人民不畏强敌、誓将日寇逐出中国的决心与信念。

"首战平型关,威名天下扬。"平型关战役是八路军东渡黄河后与日军的第一次交锋,也是1894年以来中国军队对日作战的首个胜利。这场大胜好比一剂强心针,极大地提振了民众的抗日信心。

血战刘老庄

1943年3月18日,在江苏淮安刘老庄发生了一场敌我力量异常悬殊的战斗。我新四军三师十九团四连的82位勇士,为了挡住3 000多日寇对我淮海区党政机关的突然袭击,进行了浴血奋战。这些战士大多经过战火的锤炼,有的还是爬过雪山、走过草地的老红军。他们决心以少抗多,拖住敌人,绝不让我党政领导机关蒙受损失。同时,为减少村中人民群众生命财产的损失,四连指战员决定撤到村外开阔地与日寇决战。

82烈士浴血奋战抵日寇

从拂晓到黄昏,敌人发动了5次冲锋,但在82位勇士面前,除留下200多具死尸,带走300个伤员外,未能前进寸步。恼羞成怒的日寇集中了上百门山炮、迫击炮,向我四连阵地整整轰击了5个多小时。四连勇士在弹尽粮绝,敌人炮火不停轰击的情况下,上好刺刀,决心与敌人血战到底。经过一场激烈的白刃战,终因敌我力量差距过大,四连勇士全部壮烈殉国。但日寇妄图合围我淮海区党政机关的阴谋,遭到了彻底的失败。

82烈士气壮山河的英雄气概,激励了解放区的抗日军民。朱德总司令称赞82烈士是人民军队"英雄主义的最高表现";陈毅代军长说这是"惊天地、泣鬼神的壮举"!

一、前仆后继　建国立业

群星璀璨

民族脊梁杨靖宇

杨靖宇

　　1934年4月杨靖宇联合17支抗日武装成立抗日联合军总指挥部，任总指挥。他带领东北抗日联军长期转战东南满大地，威震东北，配合了全国的抗日战争。

　　1939年，在东南满地区秋冬季反"讨伐"作战中，杨靖宇与魏拯民等指挥部队化整为零，分散游击。自己率警卫旅转战于濛江一带，最后一人独自与敌周旋5昼夜。1940年2月23日，杨靖宇在吉林濛江三道崴子壮烈牺牲，时年35岁。

　　在杨靖宇将军牺牲前的一个多小时，接到叛徒告密的敌人，又派出5批近200人围剿他。敌人心里明白，杨靖宇身经百战，他们不多派日军是根本斗不过的。

　　直到生命的最后一刻，杨靖宇还是把枪口对准了敌人。日本侵略军所谓"讨伐队"曾留下一段战场实录这样记述：已经向他（杨靖宇）逼近到100米、50米，完全包围了他，劝他投降。可是，他连答应的神色都没有，依然不停地手持双枪向讨伐队射击。交战20分钟，有一弹中其左腕。但是，他

3. 冒着敌人炮火前进

继续用右手持枪应战。讨伐队认为生擒困难,遂猛烈向他开火。终因寡不敌众,杨靖宇被敌弹射中胸膛,他持平手中匣子枪,厉声怒斥:"谁是抗联投降的,滚出来我有话说。"语毕,高大的身躯便仰面倒在大树旁,终年35岁。

杨靖宇塑像

杨靖宇牺牲后,日本侵略者始终无法理解的是:自2月18日以来,他已被围困在冰天雪地里,完全断粮5天5夜,他究竟靠什么生存?为了解开谜团,敌人残忍地将他剖腹查看,发现他的胃里尽是枯草、树皮和棉絮,竟无一粒粮食!连参与围剿的日本鬼子头目也不得不承认:"睹其壮烈亦为之感叹,大大的英雄!"

八女投江　可歌可泣

1938年夏天,日本关东军对东北抗联进行讨伐,东北抗联第4、5军为摆脱困境决定向西转移,遭到日军多次围追堵截,牺牲了很多抗联战士。

10月,东北抗日联军第5军第1师的一支百余人队伍,被乌斯浑河挡住了去路。队伍中有妇女团的八名女战士,她们是:冷云(原名郑志民)、胡秀兰、杨贵珍、郭桂琴、黄贵

一、前仆后继 建国立业

抗联女战士——冷云

清、李凤善、王惠民、安顺福。抗联队伍经过几日的奔袭,战士们又饿又累,师长决定在岸边休息一夜,第二天早晨过河。

10月的北方天气已经非常寒冷,部队在河畔露营后,燃起了几堆篝火取暖。日伪特务发现了江边有篝火闪动,便向日本守备队报告有抗联战士在江边休息。后半夜,日军一千余人与伪军将抗联战士包围。拂晓时,抗联战士们发现了日军,急忙向外冲。冷云比较冷静,命令七名女战士卧倒,敌人没有发现她们,而向大部队逼近。此时情况十分危急,在这生死关头,冷云果断地组织女战士殿后,从背后袭击敌人,吸引日军火力,掩护大部队突围。

敌人一下子慌了神,以为中了埋伏,慌忙抽出一部分兵力向她们还击,大部队乘机突出了日军的包围圈。冲出去的同志最后听到她们齐声喊——"快往外冲啊!保住手中枪,抗战到底!"日军在得知她们只有八名女兵时,变得更加猖狂,边打边狂叫:"乖乖投降吧!"当大部队发现还有八名女战士没有冲出日军的包围后,多次组织抗联战士回来营救,终因日军火力强大未能成功。

被包围的八名女战士投出了最后一颗手榴弹,趁敌人卧倒的机会,毁掉枪支,挽臂涉入了冰冷的乌斯浑河中……

八名女战士为抗击日寇,为中华民族解放,献出了她们年轻的生命。牺牲时,她们中年龄最大的冷云23岁,最小的王惠民才13岁。

油画:八女投江

八女投江的英雄壮举,谱写了一曲惊天地、泣鬼神的抗日史诗。新中国成立以后,牡丹江市在江滨公园建立八女投江英烈群雕,时任全国政协主席的邓颖超,亲笔题写了"八女投江"四个大字。

人民音乐家聂耳

1935年,田汉写了一部名为《凤凰的再生》的文学剧本,后被改编成电影《风云儿女》。

一天,田汉突然文思喷涌,想为这部电影写首主题歌。由于当时手头

聂耳

找不到纸,匆忙中他只好把一段歌词写在了一个香烟盒的锡箔衬纸上。这就是《义勇军进行曲》最初的歌词。

1935年2月,田汉写完初稿就被敌人逮捕入狱,剧本交到了电影编剧夏衍手里。

当时的半月画报第2期,刊登了《风云儿女》特辑,其中刊出了《义勇军进行曲》的最初歌词:起来,不愿做奴隶的人

一、前仆后继　建国立业

们,把血肉来筑我们新的长城。中国民族到了最危险的时候了,每一个人被迫着发出最后的吼声……

当时,聂耳正准备去日本。左翼文艺工作者的被捕让聂耳非常愤怒,也唤起了他的创作激情。听说《风云儿女》有首主题歌要谱曲,他就主动向夏衍要求,把谱曲的任务交给他。

一拿到《风云儿女》的剧本,聂耳就找到最后那首歌。他念了两遍,很快地说:"作曲交给我,我干。"等不及夏衍开口,聂耳已经伸出手来和夏衍握手告别了。

在上海霞飞路的弄堂里,聂耳用很短时间,谱出了《义勇军进行曲》的初稿。因为没有钢琴,聂耳就请朋友把这首歌一句一句地试唱出来,自己听了以后再进行修改。

4月15日,为躲避国民党当局追捕,聂耳从上海乘船东渡日本,把《义勇军进行曲》带到日本再次修改。4月末,聂耳把歌谱定稿从东京寄回到上海。

后来,经过反复推敲,他又对某些歌词作了修改。"冒着敌人的飞机大炮前进",改为"冒着敌人的炮火前进",并在句尾也加上了休止符;在原歌词"前进!前进!前进!"后加了"进!"

5月24日,影片《风云儿女》在上海金城大戏院首映。影片结尾,主人公辛白华和热血民众一同高唱《义勇军进行曲》,现场观众无不为之热血沸腾。

《风云儿女》公映之后,迅速引起强烈的社会反响,《义勇军进行曲》慷慨激昂的歌声,随之响彻大江南北,长城内外。

赵一曼：宁死不屈的女战士

赵一曼，中国共产党党员，抗日民族英雄，曾就读于莫斯科中山大学，毕业于黄埔军校六期。1935年担任东北抗日联军第三军二团政委，在与日寇的斗争中于1936年8月被捕就义。

1935年冬天格外冷，面对日本侵略者的"讨伐"，赵一曼掩护队伍突围后，在藏身处的枪战中不幸被俘。审讯时，敌人用鞭子把儿捅她手腕上的枪伤伤口，并用皮鞋狠命踢她。被捕九个月，敌人对她用尽酷刑，但是无论是打、烧、电刑等，都不能让她俯首就范。被

水彩画：英雄赵一曼

折磨后的赵一曼白骨外露、身体多处炭化。审问赵一曼的大野泰治，后来供称"我用马灯一照她，看到她脸色苍白，全是汗。她抬起头，狠狠地瞪了我一眼，她那仇恨的目光，使我感到一阵颤抖，心里发凉。"

1936年6月28日暴雨之夜赵一曼成功出逃，但不幸的是赵一曼再次被捕。凶残的日寇用竹签钉满英雄的十指，拔出再用更粗更长的竹签继续钉，最后改用烧红的铁签扎；

将热辣椒水和凉汽油交替地往喉管和鼻孔里灌;烙铁是直接摁在赵一曼的乳房上;使用了电刑刑具,这场电刑持续了7个多小时,超过了任何人能够耐受的极限……

赵一曼牺牲前,在火车里写下的那封遗书,被存在日本人建立的档案里,那是写给儿子的遗书。

宁儿:母亲对于你没有尽到教育的责任,实在是遗憾的事情。母亲因为坚决地做了反满抗日的斗争,今天已经到了牺牲的前夕了。母亲和你在生前永远没有再见的机会了。希望你,宁儿啊!赶快成人,来安慰你地下的母亲!我最亲爱的孩子啊!母亲不用千言万语来教育你,就用实行来教育你。在你长大成人之后,希望不要忘记你的母亲是为国而牺牲的!

你的母亲赵一曼于车中

2009年,赵一曼当选为"100位为新中国成立作出突出贡献的英雄模范人物"。

坚决跟党走的马本斋

抗日战争时期,华北平原上活跃着一支以回民兄弟为主组成的部队——回民支队。这支部队屡建战功,给日本侵略者以沉重打击,被八路军冀中军区誉为"无攻不克,无坚不摧,打不垮,拖不烂的铁军"。毛泽东称其为"百战百胜的回民支队"。马本斋就是这支英雄支队的司令员。

马本斋,1901年出生于河北省献县的一个回族农民家庭。早年投身奉军,逐级升至团长。1931年"九一八"事变

3. 冒着敌人炮火前进

后,因不满蒋介石的不抵抗政策,毅然弃官返乡。全国抗战爆发后,他在家乡组织回民义勇队,奋起抗日。1938年率队参加八路军。

马本斋作战勇猛,身先士卒,在回民支队和广大群众中有很高威望。从1937年至1944年,马本斋率部经历大小战斗870余次,歼灭日伪军3.6万余人,打得敌人闻风丧胆。

马本斋画像

马本斋在革命斗争中深深感受到党的伟大,决心加入中国共产党。他在入党申请书中写道:"我甘心情愿把我的一切献给伟大的中国共产党,献给为回族解放和整个中华民族的解放而奋斗的伟业。"1938年10月,马本斋光荣地加入了中国共产党。

由于长期的艰苦作战,马本斋身患重病。1944年1月,在回民支队奉命开赴延安前,他抱病做了最后一次动员报告,叮嘱同志们:"要跟着党,跟着毛主席,抗战到底!"同年2月7日,马本斋在山东莘县病逝。

4. "三大战役"锁定胜利

中国人民解放军在中国共产党的领导下,为推翻国民党反动统治、解放全中国,进行了三年艰苦卓绝的人民解放战争。这是一场事关中国前途命运的大决战。

1947年7月,解放军连续进行了辽沈、淮海、平津三大战役,基本上消灭了国民党军主力。1949年4月,解放军横渡长江,解放南京,宣告了国民党反动统治的覆灭。

1949年10月1日,中华人民共和国在北京宣告成立。

经典回顾

辽沈、淮海、平津三大战役

从1948年9月至1949年1月,人民解放军先后进行了辽沈、淮海、平津三大战役,国民党军队的主力基本被消灭。大大加速了人民解放战争在全国的胜利。

辽沈战役 1948年9月12日,林彪、罗荣桓率东北解放军发动攻击,连克辽宁数县,国民党军被分割在锦州、锦西、山海关地区。

10月11日,国民党军第九兵团11个师和3个骑兵旅由沈阳驰援锦州,被阻止在黑山、大虎山东北地区。

14日,东北野战军对锦州市发起攻击,15日攻克锦州,全歼守敌,俘敌10万余人。17日,驻守长春的曾泽生率第

4."三大战役"锁定胜利

六十军26 000人起义,其余在东北"剿共"副总司令郑洞国率领下投降。

东北野战军主力于26日在黑山、大虎山,将敌第九兵团包围,经过两天激战,歼敌10万人。11月2日解放沈阳、营口,再歼敌近15万人。

此役历时52天,共歼敌47万人,解放了东北全境。

淮海战役 淮海战役以徐州为中心,东起海州、西至商丘、北到临城。淮海战役于1948年11月6日发起,到22日为战役第一阶段。在这个阶段中,歼灭敌人10万人。11月23日到12月15日,为淮海战役第二阶段。在这个阶段中,歼灭敌人11万人。12月15日到1949年1月10日,为淮海战役第三阶段。1949年1月,华东野战军发起对杜聿明部的总攻,全歼敌人两个兵团10个军,约20万人。

淮海战役中,人民解放军经过66天紧张艰苦的战斗,以伤亡11万余人的代价,歼灭国民党军55.5万人,使长江以北的华东、中原地区基本上获得解放。

平津战役 在辽沈、淮海战役胜利的震撼下,当时集结在平津地区的60余万国民党军队已成惊弓之鸟,随时企图从海上南逃或西窜绥远。我军参加此次战役的有东北野战军和华北两个兵团,共计80余万人。

遵照中央和毛泽东的指示,我军精心组织了这次战役。这次战役从1948年11月29日起至1949年1月31日止,历时63天,除塘沽守敌5万余人从海上逃跑外,敌军五十二万余人全部被歼或改编,至此,中国人民解放军基本上解放了华北全境。

一、前仆后继　建国立业

百万雄师过大江

1949年4月20日,毛泽东、朱德发布了向全国进军的命令。解放军发起渡江战役,一举摧毁了国民党军的"长江防线"。4月23日人民解放军占领南京,宣告了延续22年的国民党反动统治的覆灭。

老照片:百万雄师过大江

随后,人民解放军继续向中南、西北、西南各省举行胜利大进军,分别以战斗方式或和平方式迅速解决残敌,解放广大国土。到1949年9月底,除西南和广东、广西部分地区外,全国大陆绝大部分地区获得解放。

五星红旗,在天安门广场升起

1949年10月1日,中华人民共和国中央人民政府成立典礼,即开国大典,在北京天安门广场隆重举行。

下午3点,中央人民政府委员会秘书长林伯渠宣布中央人民政府成立典礼开始。毛泽东主席向全世界庄严宣告:"中华人民共和国中央人民政府今天成立了!"

在《义勇军进行曲》的雄壮旋律中,毛泽东按动电钮,中

4. "三大战役"锁定胜利

华人民共和国第一面五星红旗冉冉升起。

广场上,54门礼炮齐鸣28响,象征着中国共产党领导全国各族人民艰苦奋斗28年的光辉历程。

阅兵式开始,朱德总司令在阅兵总指挥聂荣臻的陪同下,乘敞篷汽车检阅部队。中国人民解放军受阅部队列成方阵,迈着威武雄壮的步伐,由东向西分列式通过天安门广场。与此同时,刚刚组建的人民解放军空军战斗机、轰炸机,凌空掠过天安门广场,接受检阅。

老照片:第一面五星红旗在天安门广场升起

群星璀璨

刘胡兰:生的伟大,死的光荣

刘胡兰,1932年出生在山西一个贫苦农民家庭。

1945年11月,刘胡兰参加了文水县党组织举办的妇女训练班。回村后,她担任村妇救会秘书,与党员一起发动群众斗地主、送公粮、做军鞋,动员青年报名参军。1946年6月,她被批准为中共候补党员。这一年,她才14岁。

1946年10月,国民党军进犯文水县城。为保存革命力量,县委决定将大部分同志转移上山,留下部分同志坚持斗

一、前仆后继　建国立业

刘胡兰塑像

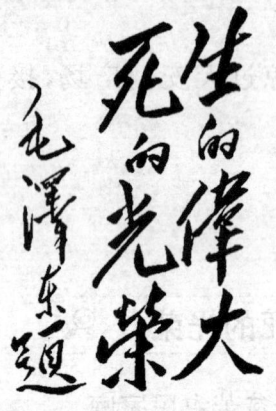

生的伟大
死的光荣
毛泽东题

争。刘胡兰以自己年纪小、熟悉环境为由，主动要求留下来。她和留下来的同志一起向各村党组织传达党的指示，组织群众掩埋粮食。

1947年1月12日，国民党军队和地主武装"复仇自卫队"，包围了云周西村，将群众赶到场地上，刘胡兰因叛徒出卖被捕。

在敌人的威胁面前，刘胡兰坚贞不屈，大义凛然。敌人问她："你给八路做过什么工作？"刘胡兰大声说："我什么都做过！""你为啥要参加共产党？""因为共产党为穷人办事。"敌人恼羞成怒："你小小年纪好嘴硬啊！你就不怕死？"刘胡兰斩钉截铁地回答："怕死不当共产党！"残忍的敌人为了使她屈服，在她面前将同时被捕的6位革命群众用铡刀杀害。刘胡兰毫无惧色，从容走向铡刀，壮烈牺牲，年仅15岁。牺牲之后，中共中央晋绥分局追认刘胡兰为中共正式党员。

1947年3月下旬，毛泽东带领中共中央机关转战陕北途中，在听取了刘胡兰英勇就义的事迹之后，毛泽东深受感动，挥笔写下了"生的伟大，死的光荣"8个大字。

4."三大战役"锁定胜利

董存瑞:为了新中国,冲啊!

1948年5月,中国人民解放军攻打隆化城的战斗打响,董存瑞所在连担负攻击国民党守军防御重点——隆化中学的任务。董存瑞任爆破组组长,带领战友接连炸毁4座炮楼、5座碉堡,顺利完成规定任务,连队随即发起冲锋。突然,敌人的机枪像暴雨般横扫过来。原来,狡猾的敌人在桥上修了一个伪装得十分巧妙的暗堡,拦住了我军冲锋的道路。这时,董存瑞和战友们纷纷向连长请战,要求把这座桥型暗堡炸掉。白副连长派出李振德等3名爆破手去爆破。

李振德冲出不远,炸药包就被敌人枪弹打中,李振德牺牲,其余两名爆破手身负重伤。董存瑞看到战友伤亡,再次挺身请战。白副连长说:"你已经几次完成爆破任务了……"不容白副连长说完,董存瑞就抢着说:"我是共产党员,我的任务不只是炸几个碉堡。现在隆化还没有解放,怎么能算完成任务呢?"这时,团部来了紧急命令,要六连火速从中学东北角插进去,配合已突进中学院内的兄弟部队,迅速解决战斗。白副连长和郭指导员商量了一下,对董存瑞说:"好,你去吧,千万注意隐蔽。"董存瑞紧攥拳头说:"放心吧,不完成任务就不回来!"说着,他从衣兜里掏出一个小纸包,递给指导员:"如果我牺牲了,这就是我最后的一次党费。"指导员说:"你一定要回来,我们都等着你胜利归来!"

董存瑞挟起炸药包,弯着腰冲了出去。在战友郅顺义的火力掩护下,董存瑞一会儿匍匐前进,一会儿一阵猛跑。当手榴弹把敌人碉堡前的铁丝网炸烂时,董存瑞趁此机会冲

一、前仆后继　建国立业

宣传画：董存瑞舍身炸敌堡

进了开阔地，一阵快跑跳进旱河沟里，进入了敌人的火力死角。他的腿受了伤，但他仍抱着炸药包迅速猛冲到桥下。桥离地面有一人多高，两旁由砖石砌成，没沟、没棱，没有安放炸药包的地方。如果把炸药包放在河床上，炸不着暗堡，河床上又找不到任何东西代替火药支架。怎么办？郅顺义急得直攥拳头。突然，身后响起了嘹亮的冲锋号声，总攻的时间到了。大批的后续部队像潮水般涌了上来。敌人的子弹像急雨一样，"哗哗"地向冲锋部队射去。董存瑞抬头看了看桥顶，又扭头向后望了一眼，略略愣了一下，突然身子向左一靠，站在桥中央，左手托起炸药包，紧紧贴住桥型暗堡，右手猛地一拉导火索。导火索"哧哧"地冒着火花和白烟！他巍然挺立，纹丝不动，像是一尊雕塑。

看到这情景，战友郅顺义不顾一切地朝桥下的董存瑞奔去。只听董存瑞朝他大声喊："卧倒，快卧倒！"紧接着，就听董存瑞高声喊道："为了新中国，冲啊！"突然间，一声巨响，地动山摇。敌人的桥型暗堡被炸得粉碎，董存瑞壮烈牺牲。

李白：永不消逝的共产党员

1958年，八一电影制片厂摄制的电影《永不消逝的电波》，轰动一时，最感动人心的是著名演员孙道临扮演的电

4. "三大战役"锁定胜利

影角色李侠。

影片中,李侠被捕前仍镇定地向战友发出紧急信号:"同志们,永别了!我想念你们!"就在他将密电码塞进嘴里吞下去的时候,一个穿着黑色衣服的国民党特务带着一帮张牙舞爪的军警,出现在他的面前……

李侠的原型,是当年中共上海地下电台的工作者,也是"100位为新中国成立做出突出贡献的英雄模范"之一,他的名字叫李白。

1925年,年仅15岁的李白,加入了中国共产党。1930年,李白加入中国工农红军,后被分配到红军第四军做宣传员。1931年6月,红四军党委选送李白去总部参加第二期无线电训练班。从此,李白和无线电

电影《永不消逝的电波》

通信事业结下了不解之缘。1934年10月,李白跟随红军队伍踏上了艰苦的二万五千里长征。

长征途中,任五军团无线电队政委的李白向全体无线电队员发出了"电台重于生命"的号召,这也是李白终生的座右铭。

1937年10月10日,李白化名李霞,到达上海,并于第二年初春,设立了一个秘密电台。从此,一座无形而坚固的"空中桥梁",架设在上海与革命圣地延安之间。

当时,日军进占租界,大肆搜捕共产党人,镇压人民。

李白塑像

虽然李白把电台功率从75瓦降低到只有15瓦,但仍被日军侦测出来。情况十分紧急!李白正在阁楼里面发电报,妻子裘慧英在三楼,忽然听到有杂乱的脚步声,急忙掀起窗帘一角向外看去,只见几十个日本宪兵和便衣特务冲进来。她快步上楼通知,李白快速把最后一段电文发完,最后又发了3遍"再见",暗示远方的战友。接着,李白迅速把发报机拆散,拉开一块活动地板,刚把它藏在下面,敌人就破门而入了。

日本宪兵把李白和裘慧英分别关押在两处进行刑讯逼供。李白受尽了种种酷刑,可始终不吐真情,严格保守了党的秘密。后经党组织营救,终于获释出狱。

1948年李白正在发送一份重要电报,敌人突然包围了他的住所,李白迅速采取了应急措施,后被捕。

敌人发疯似的对李白进行了长达30多个小时的连续审问,使用了30余种刑具,把李白折磨得死去活来。敌人用钳子拔光了李白的指甲,把竹签子钉入了他的手指,老虎凳上的砖块一直加到五块,还灌辣椒水,用烧红的木炭烙在李白的身上……李白每次昏死过去,又被冷水浇醒。而这些都不能摧毁他的坚定信念,李白拒不吐露半个字……

上海解放后,经组织查实,李白已于1949年5月7日晚,被敌人秘密杀害。就义前,李白高呼:"共产党万岁!"

吴运铎：把一切献给党

出生在安源煤矿山脚下的吴运铎，家境贫寒，自幼便懂得分担家庭重担。他曾上山挑煤、捡煤渣，还到煤矿当机电工人。9岁时，吴运铎加入儿童团，参与把风、放哨、送信等活动。资本家的剥削和战争带来的苦难，像烫红的烙铁般给他留下刻骨铭心的印象。在苦难的生活中，他逐渐认识到：要翻身、要解放、要光明，就只有跟着共产党走。

抗日战争爆发后，吴运铎毅然参加了新四军。被派到新四军司令部修械所后，他在农舍的茅草棚里，开始了兵工生涯。对当时的吴运铎来说，兵工是一个完全陌生的领域。但他坚信，投身革命队伍，就要跟党走、听党的话。1939年5月，吴运铎加入中国共产党。此后，他矢志不渝，践行自己的承诺——对党绝对忠诚。

1941年，吴运铎率领小分队生产一批急用子弹。有一次，他正在拆卸收集来的旧炮弹引信上的雷管，突然，一只雷管在他左手上爆炸了……数十年后，他回忆道："我知道这是一项很危险的工作，我要亲自做这工作，因为我是一个共产党员，在危险的时候，应该站在

老照片：吴运铎在工作中

一、前仆后继 建国立业

油画：新四军兵工厂

大家的前面,不能把危险的工作推给别人。"

为了制造武器、确保前线作战顺利,吴运铎几次走在死亡边缘,但是死亡的威胁从来没有阻挡他前进的步伐。吴运铎一生多次负伤,经历过20余次手术,身上遍布100多处伤痕,体内留有几十块弹片,腿上的关节长期被石膏绷带固定,已经硬化,走起路来都是直的……但他凭借顽强的毅力,始终坚持战斗在生产科研第一线。他说,"只要我活着一天,我一定为党为人民工作一天。"

当时,兵工生产条件极其简陋。把水井的辘轳固定在一个支架上,井绳上吊一块100多公斤的铁疙瘩,就成了锻打枪体、炮弹壳的"手摇汽锤";在磨粮食的石磨轴上,套一条粗布缝制的传送带,就成了"人推发动机";将手电筒灯珠磨出一个口往里面塞火药,一通电就成了"电发雷管"……就是在这样的"铁匠铺"里,吴运铎等人建成了我军第一个军械修造车间,并首次制造出步枪和第一批平射炮、枪榴弹;制造出42厘米口径、射程可达4公里的火炮;研制了拉雷、电发踏雷、化学踏雷、定时地雷等多种地雷;在只有8个人的条件下,年产子弹60万发……

二、艰难探索　奋勇前行

中华人民共和国成立后,中国共产党带领各族人民,艰难探索,奋勇前行,建设起一个崭新的、强盛的、名副其实的人民共和国。

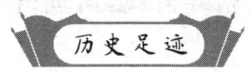

1. 1950年,土地改革运动开始。
2. 1950年,中国人民志愿军跨过鸭绿江,进行"抗美援朝战争"。
3. 1951年,西藏和平解放。
4. 1953年,第一个"五年计划"实施。
5. 1954年9月15日至28日,第一届全国人大一次会议召开。
6. 1956年9月15日至27日,中国共产党第八次全国代表大会在北京召开。
7. 1960年9月,黄河上第一座大型水库——三门峡水利枢纽工程基本建成。
8. 1964年10月16日,中国第一颗原子弹成功爆炸。
9. 1967年6月17日,中国第一颗氢弹成功爆炸。
10. 1970年4月24日,中国第一颗人造地球卫星——"东方红一号"成功上天。
11. 1971年10月25日,恢复中国在联合国的合法席位。

1. 抗美援朝　保家卫国

1950年6月27日,美国悍然发动侵朝战争;9月15日,又扩大侵略,疯狂北进,严重威胁到新中国的安全。

在这个关键时刻,以毛泽东为首的中共中央,毅然作出"抗美援朝,保家卫国"的战略决策。中国人民志愿军于1950年10月19日受命跨过鸭绿江,开赴朝鲜前线,同朝鲜人民一起向侵略者作战。

艰苦作战3年,中朝军队共歼敌109万人,其中美军39万人;击落击伤敌机12 200多架。朝鲜停战后,中国人民志愿军又帮助朝鲜人民为战后恢复和建设做了大量工作。1958年10月,中国人民志愿军全部撤离朝鲜,返回祖国。

血战长津湖

老照片:雄赳赳、气昂昂,跨过鸭绿江

长津湖,朝鲜北部最大的湖泊,周边层峦叠嶂,一条"Y"字形的羊肠小道,是唯一通路。1950年冬,中美两支王牌部队为扭转朝鲜战局,在此展开了"强强对决",惨烈程度史上罕见。

在这场较量中,志愿军创造了全歼美军一个整团的纪录,还收复了"三八线"以北的东部广大地区。

十面埋伏

自从1950年9月,美国海军陆战队冒险在仁川登陆以来,以美军为首的"联合国军"在朝鲜战场上势如破竹,一路北上,骄傲的"联合国军"司令麦克阿瑟扬言,要在1950年圣诞节前结束朝鲜战争,饮马鸭绿江。

为了迷惑麦克阿瑟,志愿军第42军主力奉命于11月7日放弃长津湖以南阵地。麦克阿瑟果然中计,狂妄地认为中国军队"畏战",只是"象征性进攻",并一再要求美第10军加速前进。

11月26日,柳潭里阵地,美陆战1师师长史密斯拿着望远镜向西北眺望,此地距鸭绿江最短直线距离不足一百公里。"看来,我们可以提前回家过圣诞节了。"史密斯自信满满地说。

然而,就在他眺望的这片茫茫雪原里,隐藏着我志愿军第9兵团3个军近15万人,他们围猎的目标,正是这支精锐之师。

大部分的9兵团士兵,入朝时有的分到一件棉衣,有的分到一条棉裤,但更多的是穿着薄棉衣,戴着根本就不能抵御风寒的大盖帽,脚踏单薄的胶底鞋。入朝第一周,他们就遭遇了朝鲜50年不遇的寒流——那些刚刚从南方过来的战士,头一次看见雪,就立刻感受到了零下20摄氏度的

二、艰难探索 奋勇前行

冷酷。

与美军每个士兵都有一件大衣和一个鸭绒睡袋不同,9兵团每个班十几个战士,只能分到两三床棉被。一入夜,战士们就把棉被铺在雪地上,然后十几个人抱团取暖。

9兵团大军在几乎没有补给、严格进行隐蔽伪装的情况下,创造了连续行军10天、平均日行军30公里的速度。26日,他们已经悄无声息地集结在史密斯的眼皮底下。

"原木"在移动

11月27日,大雪纷飞,气温下降到零下30摄氏度。黄昏时分,志愿军向长津湖美军发起了总攻,战后幸存的美军回忆起那个恐怖的夜晚:刺耳的军号声突然响起,霎时间满天的信号弹升空,伴随着四面八方传来的"沙沙"声(后来他们才知道那是志愿军战士的胶鞋踩在雪地里的声音),无数披着白布的战士,怒吼着向自己冲来。

眼前的平原,本是白雪皑皑的一片,军号声一响,士兵就从隐蔽处跃出来,他们的腿已被冻得无法弯曲,跑起来就像是"原木"在移动。美军的坦克、火炮和机枪一齐射向他们,他们像"原木"一样一排排倒下去,后面的士兵又像"原木"一样一

老照片:向侵略者冲锋!

1. 抗美援朝 保家卫国

排排涌上来……

美国军事史学家蒙特罗斯后来记述道:"陆战队的坦克、大炮、迫击炮和机关枪大显身手,但是中国人仍然源源而来,他们视死如归的精神令陆战队肃然起敬。"

长津湖的黑夜属于志愿军,白天属于美军。白天,依靠7艘航母上的500架舰载机,美军对志愿军阵地进行狂轰滥炸。晚上,志愿军再趁着夜色反突击,把白天丢失的高地和阵地再抢回来。双方都是失而复得,得而复失。

虽然一夜间就战斗减员近万人,但我志愿军深知,如果让美军从北边冲出包围圈,将威胁志愿军的西线部队,导致全局被动。只能继续打,不惜一切牺牲,完成战略任务。

11月30日晚,我27军向湖东岸的新兴里发起猛攻。在不计伤亡的情况下突破了火炮和坦克阵地,与美军展开巷战。

没有火炮支援下的短兵相接,美军完全不是

美北极熊团团旗

志愿军的对手。美第7师31团,号称不可战胜的北极熊团被我军歼灭,团旗当场被我军缴获(被缴获的北极熊团团旗,现存于中国人民革命军事博物馆)。这是志愿军在朝鲜战场上唯一一次全歼团级建制美军。

二、艰难探索　奋勇前行

水门桥头"冰雕连"

美军南逃路上的最后一关是水门桥。这座桥跨度8.8米,两端都是悬崖,周围没有任何可以绕行的道路。过了水门桥,再往南就是一望无际的平原,那时志愿军的"铁脚板"就再也无法追上美军的车轮子了。

美军深知水门桥的重要性,派了一个坦克营40辆坦克一字排开守桥。

志愿军"冰雕"战士

12月1日,志愿军发动突袭,炸毁了水门桥。可第二天,美军工兵用一座木桥完成了修复。

12月4日,志愿军再度出击,第二次炸毁水门桥。而美军又在原桥残留的桥根部架设了一座钢桥。

12月6日晚,我志愿军又组织了两个排的敢死队,发动了第三次炸毁水门桥的行动。这次,战士们用血肉之躯突破了美军的炮火,将钢制大桥和根部基座全部炸毁。然而美后勤连夜部署,在日本的三菱重工制作了8套M2型钢木标准桥梁,用8辆运输机,通过巨型降落伞,空投到了千里之外的水门桥附近。不到两天,一座载重50吨、可以通过坦克的桥梁又架好了。

12月8日晚,减员万余人的美陆战1师通过水门桥,仓皇逃向兴南港。该师作战处长鲍泽上校后来在回忆录中写

1. 抗美援朝 保家卫国

道:"幸亏中国人没有足够的后勤支援和通信设备,否则陆战 1 师绝不会逃离长津湖……陆战 1 师不过是侥幸生还。"

时任志愿军 58 师师长兼政委黄朝天,于 12 月 9 日来到俯瞰水门桥的阵地上,看到战士们一个个埋伏在雪坑里,枪都朝公路摆着,无一人后退。黄师长走近那些战士,战士们一动不动,都冻成了"冰雕"!上百名战士伏守在冰雪中,却没能等到向敌人发起冲锋的那一刻。黄师长见状,顿时伏地痛哭!

百名"冰雕"战士中,在上海籍战士宋阿毛单薄的衣服里,战友们找到一张薄薄的纸条。

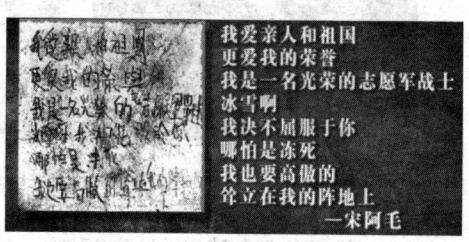

宋阿毛衣服里的纸条

战后,人们才知道,这年是朝鲜有记录以来最冷的一个冬天,志愿军战士们在水门桥埋伏的那一夜,温度低至零下 54 摄氏度!

惨烈的上甘岭保卫战

上甘岭战役,是 1952 年 10 月 14 日至 11 月 25 日中国人民志愿军与"联合国军"在上甘岭及其附近地区展开的一场著名的战役。上甘岭战役激烈程度前所罕见,特别是炮兵火力密度,已超过第二次世界大战最高水平。

1952 年 10 月 14 日凌晨 3 点半,战斗打响了。这一天,

二、艰难探索　奋勇前行

敌人向上甘岭发射30余万发炮弹,500余枚航弹,上甘岭主峰标高被削低整整两米,寸草不剩。

即便这样,直到四天以后——10月18日,我45师前沿部队才因伤亡太大退入坑道,表面阵地第一次全部失守。19日晚,45师倾力发动了一次反击。

老照片:志愿军战斗在上甘岭

10月30日,我方再度反攻,动用了133门重炮。美七师上尉惊恐地说:"中国军队的炮火像下雨一样,每秒钟一发,可怕极了。我们根本没有藏身之地。"每秒钟1发美军就受不了了,殊不知我们的战士在10月14日面对的是每秒钟6发的狂轰。

5小时后,志愿军收复主峰。打到下午3点,连长赵黑林趴在敌人尸体上写了个条子派人后送:"我巩固住了主峰,敌人上不来了。"

我方战报:歼敌2 500余人,十五军伤亡11 529人,其中阵亡5 213人。美方战报:损失九千余人,中国志愿军死伤1 900余人。但毫无疑问的是,这片3.8平方公里的山头,已经被鲜血浸透了。随手抓把土,就能数出32粒弹片,一面红旗上竟有381个弹孔;一截1米不到的树干上,嵌进了100多个弹头和弹片……

战斗中,志愿军15军参战的27个连队里,有16个被多次打光重建。其中最英雄的8连,一个200人的连队,被打残打光后,始终不下火线,多次增兵,先后补充800人。战后8连仅有6人活了下来,阵亡接近1 000人,消灭了接近1 800名敌人。

这一战奠定了朝鲜的南疆北界,之后,美军再没有向我方发动过营以上规模的进攻,朝鲜战局从此稳定在38度线上。

"用糖果换飞机"

1951年6月1日,中国人民抗美援朝总会发出了捐献武器运动的号召,要求全国各界爱国同胞,不分男女老少,都开展增加生产、增加收入运动,用新增加收入的一部或全部,购买飞机、大炮等武器,捐献给志愿军。

全国人民积极响应号召,涌现出大批成绩显著的单位和个人,出现了许多感人至深的事迹。

1951年6月4日,姜堰小学的一份倡议书响彻大江南北:"全国亲爱的小朋友们:为了响应中国人民抗美援朝总会关于开展捐献飞机大炮运动的号召,支援志愿军叔叔早日凯旋,我校全体同学经过详细讨论后,大家决定自愿节省糖果钱,用来购买飞机。但我们的力量太微弱,全国有千千万万的小朋友,只要大家共同行动起来,积少成多,一定可

二、艰难探索　奋勇前行

老照片:"中国少年先锋号"飞机

以购买好多架飞机……"

这份倡议书被中央人民广播电台向全国播报,短时间内就得到了全国少先队员的踊跃支持。"用糖果换飞机"的运动由此而生,数不清的儿童少年捐出了自己的零用钱、吊坠、手镯、长命锁甚至生活费,集全国少先队员的力量,终于换回了一架珍贵的战斗机,命名为"中国少年先锋号"。

北京市石景山钢铁厂的职工,通过增加产量、捡废铁、捐奖金等办法,捐献了"石景山钢铁厂号"战斗机一架。

甘肃玉门油矿的职工,用增产所得捐献"石油工人号"战斗机1架。

当时的豫剧名角常香玉,带领她的"香玉剧社"从1951年8月开始,在全国6省多市巡回义演170多场,用义演所得加上自己的积蓄共15亿270万元(折合新币15万元左右),一人就捐了一架米格15战机用于支援前线,该型战机被命名为"常香玉号"。

老照片:"常香玉号"飞机

这样的故事还有很多。1952年6月24日,中国人民抗美援朝总会宣告,捐献武器运动胜利结束。全国各界人民共捐款 55 650.37 万元，可购战斗机 3 710 架。

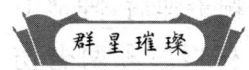

杨根思：用生命守住阵地

1950 年 11 月底，朝鲜战场寒风刺骨，硝烟四起。为阻止美国侵略军的进攻，中国人民志愿军在长津湖地区对美军发起了分割围歼战，大批敌人被我军包围，一场激烈的围歼战开始了。时任中国人民志愿军某部连长的杨根思，主动请缨承担最艰巨的战斗任务。上级批准了他的请求，命令他带领一个排，切断被围困的美军南逃的唯一退路"1071 高地"，他们的对手是号称"王牌"的美军陆战第 1 师。

战斗刚刚开始，敌人就在飞机、大炮的掩护下发起了疯狂进攻，企图夺路而逃。杨根思指挥战士们借助有利地形做好隐蔽，待美军靠近时突然射击，打得敌人死的死、伤的伤，迅猛击退了敌人的第一次进攻。紧接着，敌人在 8 辆坦克的掩护下，以两个连的兵力再次发起进攻，杨根思和战士们奋勇冲入敌群，与敌人肉搏拼杀，消灭了大批敌人，再次击退了敌人的反扑。

急于逃命的美军恼羞成怒，发起集团冲锋，用重炮和轰炸机将炸弹、燃烧弹、凝固汽油弹都倾倒在这座小山顶上，阵地顿时成了一片火海。杨根思率领全排顽强抗击，以"人在阵地在"的英雄气概接连击退美军的 8 次进攻，战斗进行

二、艰难探索　奋勇前行

杨根思

得极其惨烈。当他们投完最后一颗手榴弹、射出最后一颗子弹后,阵地上只剩下杨根思和两名伤员,美军也伤亡惨重。危急关头,杨根思抱起仅有的一包炸药,拉燃导火索,纵身冲向敌群,与敌人同归于尽,用鲜血和生命守住了阵地,为保卫祖国,为朝鲜人民的解放和世界和平壮烈牺牲,时年28岁。

为纪念杨根思英勇捐躯的大无畏精神,中国人民志愿军授予他"特级英雄"称号,将他生前所在连队命名为"杨根思连"。

黄继光:舍身堵敌堡

抗美援朝战争爆发后,黄继光毅然加入了中国人民志愿军。当要离开家乡的时候,母亲高兴地把一朵大红花戴到了他的胸前,并对他说:"到了朝鲜,要多多杀敌,报效祖国和人民。"带着母亲的嘱托和人民的期望,黄继光来到了朝鲜前线,被分配当了一名通信员。虽然是通信员,他却时刻想着要多学本领,刻苦地锻炼自己。他工作积极,学习认真,进步很快,1952年7月25日光荣地加入了中国新民主主义青年团。

1952年10月14日,美国侵略军开始向上甘岭发动疯

1. 抗美援朝 保家卫国

狂进攻。敌人在这不到 4 平方公里的上甘岭小高地上,动用了两个多师的兵力,在大量的飞机、坦克和大炮的配合下,连续向我方阵地疯狂进犯,日夜炮声隆隆,硝烟弥漫,志愿军与敌人展开了激烈的争夺战。黄继光在战斗打响后,担负在炮火下送信、传达命令、接电话线、背送伤员等任务,连续在敌人的炮火封锁下度过了 4 天 4 夜。

10 月 19 日晚,黄继光所在营奉命向上甘岭右翼高地发动反击。第 6 连奉命必须在天亮以前拿下 0 号阵地,为整个反击战的胜利奠定基础。战斗开始后,进展情况比预想的要顺利。这时,山顶上突然出现了一个敌人的集团火力点,使志愿军部队受到压制不能前进。营参谋长立即命令第 6 连必须炸掉它,同时组织爆破组。从黄昏 7 时 30 分到夜晚 10 时 30 分,6 连已经向敌人发起了 5 次冲锋,仍未摧毁敌人的火力点,许多战士壮烈牺牲。这时离天亮只有 40 多分钟了,不拿下 0 号阵地,就等于没有按计划完成战斗任务,整个反击战的胜利就会受到影响。

在这关键时刻,站在参谋长身旁的黄继光站出来坚定地要求:"把任务交给我吧,只要我有一口气,保证完成任务。"接受任务后,黄继光立即提上手雷,带领两名战友向敌人的火力点爬去。他们借助照明弹的亮光巧妙地前进。开始敌人没有发现他们,当离敌人火力点只有 30 多米的时候,两名战友相继倒下了。黄继光的左臂被打穿,血流如注,但他仍然一步不停地向敌人的中心火力点前进。只剩下八九米的时候,他挺起胸膛,举起右手向敌人投去手雷,但由于火力点太大,只炸毁了半边,未被炸毁的两挺机枪,

二、艰难探索　奋勇前行

又从残存的射击孔里伸出来,拼命地吼叫着,志愿军的冲锋又受到阻碍。黄继光再次受伤倒下。

黄继光

这时,天就要亮了,40分钟的期限就要到了,黄继光跃身而起,冲着那狂喷火舌的枪口,挺起胸膛,张开双臂,扑了上去……正在喷吐的火舌突然熄灭,正在死命吼叫的机枪哑然失声,黄继光用他那年轻的生命,开辟了志愿军前进的道路。

霎时,战友们像离弦的箭一般冲了出去,高声呼喊"冲啊!为黄继光报仇!"他们踏着黄继光前行的道路,很快占领了0号阵地,守在高地上面的敌军两个营——1 200多人,全部被歼灭。

为了表彰黄继光的伟大精神和不朽功勋,志愿军司令员彭德怀发布命令,为黄继光追记特等功一次,并授予"特级英雄"称号。中国共产党志愿军第15军委员会在追认黄继光为"模范团员"的同时,追认他为中国共产党党员。

邱少云:在烈火中永生

1952年10月中旬,在金化以西391高地的反击战中,邱少云被选派参加潜伏部队,并担任了发起冲击后扫除障碍的任务。潜伏前,邱少云向党支部递交了入党申请书,写道:"宁愿自己牺牲,决不暴露目标,为了整体,为了胜利,为了中朝人民和全人类的解放事业,愿献出自己的一切。"

执行任务中,邱少云在距敌前沿阵地60多米的草丛中潜伏时,敌人突然向潜伏区逼近。为了掩护潜伏部队,指挥所命令炮兵对敌进行打击。敌人遭到打击后出动飞机侦察,并盲目发射侦察燃烧弹。一颗燃烧弹正

邱少云牺牲64年后,战友捐献英雄生前唯一照片,上有邱少云亲笔题词

好落在邱少云身边,飞迸的火星溅落在他的左腿上,燃烧液燃遍他全身,烧着了他的棉衣、头发和皮肉。他身旁就是水沟,只要往水沟里一滚,就可以把火扑灭……

因为邱少云是尖刀班战士,负责战斗打响后剪断敌人的铁丝网,所以埋伏较靠前,他只要稍微动一下,就有可能被发现,整个排也就会被发现,整个行动也许就会失败。为了不暴露潜伏部队,英勇的邱少云严守纪律,咬紧牙关,任烈火烧焦身体而一动不动。他双手深深插进泥土中,身体紧紧地贴着地面,以惊人的毅力忍受着剧痛,一声不吭、一动不动,直至壮烈牺牲,时年仅26岁。

邱少云牺牲后,朝鲜人民和中国人民志愿军怀着深深的敬意,在391高地的石壁上刻了一行大字:"为整体、为胜利而自我牺牲的伟大战士邱少云同志永垂不朽!"

二、艰难探索　奋勇前行

伍先华：冲进敌坑道，拉响炸药包

1952年秋，志愿军发起了战术性反击战。在一次反击战中，伍先华所在的第3班接受了爆破半截坑道的任务。伍先华领受任务后，带领全班战士连夜出发，察看敌军各个火力点的位置，记熟进攻的道路和目标，根据敌军地堡的大小，捆了许多个不同型号的炸药包，等待出击的命令。

9月29日17时，激烈的战斗打响了。随着炮火的延伸，伍先华率领战士迅速占领了敌军720高地，控制了制高点，然后直击凹地。他们刚冲到半途，从半截坑道喷出密集火舌封住道路。伍先华命令战士罗亚全把敌军地堡炸掉。罗亚全正向地堡爬去，一群敌军从坑道钻出来，向720高地反击。伍先华率战士用自动步枪、手榴弹打退一股又一股冲上来的敌军，守住了阵地。

伍先华

1. 抗美援朝 保家卫国

战斗在激烈地进行着。这时,3 班只剩下伍先华和两名战士了。可敌军从坑道里、地堡里不停地射出密集的子弹,死死地封住志愿军突击部队冲锋的道路。伍先华立即命令罗亚全:"你去爆破地堡,我来掩护。"罗亚全抱起炸药包,向敌军地堡右侧爬去。敌军的两道火舌,立即对准了罗亚全。此时,伍先华猛烈地向敌军地堡开火,把两道火舌吸引过来。伏在地上的罗亚全借机爬到敌军地堡群前,随着两声巨响,地堡升起了浓烟烈火。

伴随着敌军地堡的爆炸声,志愿军突击部队发起冲锋,漫山遍野响起了喊杀声。此时,半截坑道敌军的重机枪又扫射过来,成了突击部队前进路上的大障碍。伍先华抱起一捆 10 公斤重的大炸药包,跃身冲进火网,向半截坑道口冲去。突然,一串曳光弹扫来,伍先华负了重伤,但他毫不犹豫地拖着负伤的身子,忍着剧痛吃力地向前爬行,在距半截坑道只有几米时,一跃而起,冒着敌人密集的火力,扛着炸药包,奋不顾身地冲进敌坑道,在敌军群里拉响了导火索。一声震天动地的巨响,伍先华壮烈牺牲。半截坑道崩溃了,炸死敌军 40 多人。突击部队乘机发起冲锋,攻占阵地,全歼守敌 1 个加强连。

2. 白手起家　恢复经济

1953年,第一个五年计划全面展开。曾经积贫积弱的农业中国,开始迅速走上一条工业强国之路。

白手起家的中国人,在那个年代,创造了许多奇迹:中华人民共和国第一根无缝钢管、第一架飞机、第一辆卡车……掌握了自己命运的中国人民,不断树立起新的里程碑。

经典回顾

钢铁挂帅　万马奔腾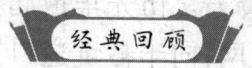

钢　铁

20世纪50年代末的包头钢铁大街

1949年中华人民共和国成立时,全国钢产量只有15.8万吨,居世界第26位。但经过短短3年的恢复期,1952年,我国钢产量就达到135万吨,超过历史最高水平。

武汉钢铁基地,是

2. 白手起家 恢复经济

1949年后我国新建的大型钢铁工业基地。主要产品有：中型材、薄板、中厚板、大型材、带钢等，是我国最大的钢板生产基地。

包头钢铁基地，是我国第一个五年计划期间国家重点建设项目之一。其储量居世界首位，有"稀土之乡"的美称。

汽 车

长春，中国汽车工业的摇篮。1953年7月15日，中国第一座汽车厂——长春第一汽车制造厂在吉林省长春市奠基，新中国汽车工业开始起步。三年后，1956年的7月13日，在长春一汽崭新的总装线上，第一辆解放牌汽车试制成功，结束了中国人不会造汽车的历史。

老照片：第一辆解放牌汽车下线

重大工程

十多万民工、1 460万土石方、14座隧道、200多座大小桥梁、400多个涵洞，完成这些艰巨任务，使用的工具仅仅是简陋的十字镐、大锤、钢钎、锄头和铁锹。很难相信，成

二、艰难探索 奋勇前行

老照片:1952年7月1日,成渝铁路通车典礼

渝铁路——这条曾被搁置了40多年的铁路,在新中国只用了两年时间就全线贯通!

在那段艰难的岁月中,新生的共和国坚持"边打、边稳、边建"的方针,除成渝铁路之外,鞍山钢铁厂、上海电机厂、塘沽新港,一批重大工程相继竣工。

农 业

在农村,土地改革的完成,使得3亿多新解放区无地少地的农民,无偿获得了7亿亩土地和生产资料,占中国人口绝大多数的农民翻身得到了解放。到1952年底,仅仅用了3年时间,工农业生产就超过了历史最高水平,完成了国民经济恢复工作。

"我家有田啦"

老照片:实现耕者有其田

红旗渠：人工天河

20世纪60年代，地处中国南太行山东麓的河南省林县(1994年后撤县设林州市)，30万群众靠着一双双布满老茧的手，在太行山上劈山修渠，一锤一钎，以战天斗地的豪情和舍生忘死的气概苦战10年，绝壁穿石，挖渠千里，终于修成全长1500公里的"人工天河"——红旗渠，将一面"顽强奋斗、自强不息"的精神之旗插在太行山巅。

历史上的林县，十年九旱，水贵如油。红旗渠修建前，林县常年饮水困难，有100多个村要跑5公里以上取水吃。中华人民共和国成立后，林县县委决定兴修大型水利工程，"劈"开太行山，将邻省山西的漳河水引进来。

一声号召，全县齐应。37 000名群众，自带工具奔赴修渠工地，参与到这场苦战中来。

要通渠，必须要先建起一座拦河坝，拦腰"斩断"漳河，抬高水位让河水进入渠道。任村公社的500多名修渠群众组成突击营，接下了这项艰巨的任务。当大坝合龙只剩下十几米宽时，河道变窄，水流湍急，沙袋、巨石投下去，转瞬即逝。关键时刻，群众跳进河里，排成三道人墙，用血肉之躯抵挡住冰冷刺骨的河水，助大坝最终合龙。红旗渠总干渠修筑在"飞鸟不能驻足，猿猴难以攀缘"的太行绝壁上。群众就悬挂在半山腰上，挥锤打钎、装药放炮，炸出一个个小平台，再在这个平台上作业，开凿渠线，垒砌渠墙，对接起来就形成完整的渠线。

二、艰难探索 奋勇前行

"人工天河"——红旗渠

老照片："通水啦！"

在红旗渠修建过程中，81名修渠群众献出了宝贵生命。其中，年龄最小的才17岁，最大的60岁。红旗渠修建历时10年，全县50万人，有30万人参加了修渠工程。

红旗渠建成后，全县410个村受益，60万人口、3.7万头大牲畜饮用水有了保障，54万亩耕地得到灌溉。林县人用自己的双手，战天斗地，彻底改变了干旱缺水的命运。

非洲兄弟把我们抬进了联合国

1971年9月21日，第26届联合国大会开幕。

这次大会以76票赞成、35票反对、17票弃权的压倒性优势，通过了恢复中华人民共和国合法席位的提案。1971年11月1日，中华人民共和国的五星红旗，第一次升起在纽约联合国总部大厦门前的旗林里，联大主席马立克称之为"历史性的时期"。

得知这一胜利消息，毛主席明确表示：马上就组团去。这是非洲黑人兄弟和中小国家用轿子把我们抬进联合国的,不去就脱离群众了。

在大家的欢笑声中,毛主席拿起外交部国际司填写的联大表决情况,激动地说:英国、法国、荷兰、比利时、加拿大、意大利都造了美国的反,在联合国投我们的票。欧洲

联合国大楼前

国家当中,只有马耳他投反对票。投赞成票的,亚洲国家19个,非洲国家26个,拉丁美洲是美国的"后院",只有古巴和智利和我们建交,这次居然有7个国家投我们的票。美国的"后院"起火,这可是一件大事。

联大这次决议通过绝非偶然,这是世界进步的需要,也是历史的必然。中国重返联合国,可以说是联合国发展史上一件具有划时代意义的重大事件。

群星璀璨

王进喜:拼命也要拿下大油田

1959年,王进喜作为石油战线的劳动模范,到北京参加群英会。看到大街上的公共汽车,车顶上背个大气包,他奇怪地问别人:"背那家伙干啥?"人们告诉他:"因为没有汽油,烧的煤气。"这话像锥子一样刺痛了他。王进喜后来说:

二、艰难探索　奋勇前行

"北京汽车上的煤气包,把我压醒了,使我真真切切地感到国家的压力、民族的压力,呼地一下子都落到了自己肩上。"他曾多次向工友们说:"一个人没有血液,心脏就停止跳动。工业没有石油,天上飞的,地上跑的,海上行的,都要瘫痪。没有石油,国家有压力,我们要自觉地替国家承担这个压力,这是我们石油工人的责任啊。"

1960年春,我国石油战线传来喜讯——发现大庆油田,一场规模空前的石油大会战随即在大庆展开。王进喜从西北的玉门油田,率领1205钻井队赶来大庆,加入了这场石油大会战。一到大庆,呈现在王进喜面前的是许多难以想象的困难:没有公路,车辆不足,吃和住都成问题。但王进喜和他的同事们下定决心:就算有天大的困难也要高速度、高水平地拿下大油田。

钻机到了,吊车不够用,几十吨的设备怎么从车上卸下来?王进喜说:"咱们一刻也不能等,就是人拉肩扛也要把钻机运到井场。有条件要上,没有条件创造条件也要上。"他们用滚杠加撬杠,靠双手和肩膀,奋战三天三夜,38米高、22吨重的井架迎着寒风矗立于荒原。这就是会战史上著名的"人拉肩扛运钻机"。

要开钻了,可水管还没有接通。王进喜振臂一呼,带领工人到附近水泡子里破冰取水,硬是用脸盆水桶,一盆盆、一桶桶地往井场端了50吨水。在重重困难面前,王进喜带领全队以"宁可少活二十年,拼命也要拿下大油田"的顽强意志和冲天干劲,苦干5天5夜,打出了大庆第一口喷油井。

在随后的10个月里,王进喜率领1205钻井队和1202

2. 白手起家 恢复经济

钻井队,在极端困苦的情况下,克服重重困难,双双达到了年进尺 10 万米的奇迹。在那些日子里,王进喜身患重病也顾不上去医院;几百斤重的钻杆砸伤了他的腿,他挂着双拐继续指挥;一天,突然出现井喷,当时没有压井用的重晶粉,王进喜当即决定用水泥代替。成袋的水泥倒入泥浆池却搅拌不开,王进喜就甩掉拐杖,奋不顾身跳进齐腰深的泥浆池,用身体搅拌,井喷终于被制服,可是王进喜却累得站不起来了。房东大娘心疼地说:"王队长你可真是铁人啊!""铁人"的名字就是这样传开的。

老照片:"铁人"王进喜

王进喜为发展祖国的石油事业日夜操劳,终致身心交瘁,积劳成疾,于 1970 年患胃癌病逝,年仅 47 岁。他留下的"铁人精神",成为我国进行社会主义建设的宝贵财富,激励了一代又代的石油工人。

雷锋:永不生锈的螺丝钉

提起雷锋,大家一定非常熟悉,以他的名字命名的雷锋精神,影响了一代又一代中国人。雷锋精神的实质和核心,是全心全意为人民服务,为人民事业无私奉献。

二、艰难探索　奋勇前行

1959年12月雷锋参军入伍。雷锋为此在日记中写道："我渴望已久的参加中国人民解放军的理想实现了,怎么叫我不高兴呢！我恨不得把我的心掏出来献给党才好。"参加人民解放军后,他被编入工程兵某部运输连四班,他努力钻研技术,曾多次立功,被评为"节约标兵"和"模范共青团员"。1960年11月入党,并被选为抚顺市人民代表。

1962年的一天,在与战友准备前去洗车时,雷锋下车指挥倒车,车轮打滑,碰倒了一根电线杆。这根杆子正巧打到雷锋左太阳穴上,雷锋当即昏死过去,经医院抢救无效死亡。

出差一千里,好事做了一火车

一次,雷锋外出在沈阳车站换车的时候,一出检票口,发现一群人围着一个背着小孩的中年妇女。原来这位妇女从辽宁去吉林看丈夫,车票和钱丢了。雷锋用自己的津贴费买了一张去吉林的火车票塞到大嫂手里。大嫂含着眼泪说:"小兄弟,你叫什么名字,是哪个单位的?"雷锋回答:"我叫解放军,家就在中国。"

五月的一天,雷锋冒雨去沈阳,他为了赶早车,早晨5点多就起来,带了几个干馒头披上雨衣就上路了。路上,雷锋看见一位妇女背着一个小孩,手里还领着一个小女孩也正艰难地向车站走去。雷锋脱下身上的雨衣披在大嫂身上,又抱起小女孩陪她们一起来到车站。上车后,雷锋见小女孩冷得发抖,又把自己的贴身线衣脱下来给她穿上,雷锋估计她早饭没吃,就把自己带的馒头给她们吃。火车到了

2. 白手起家 恢复经济

沈阳,天还在下雨,雷锋又一直把她们送到家里。那位妇女感激地说:"同志,我可怎么感谢你呀!"

一次,雷锋从安东(今丹东)回来,要在沈阳转车。他背起背包过地下通道时,看见一位白发苍苍的老大娘拄着棍,背了个大包袱,很吃力地一步步迈着,雷锋走上前去问道:"大娘,

您到哪去?"老人上气不接下气地说:"俺从关内来,到抚顺去看儿子!"雷锋一听跟自己同路,立刻把大包袱接过来,用手扶着老人说:"走,大娘,我送您到抚顺。"老人感动极了,一口一个好孩子地夸他。进了车厢,他给大娘找了座位,自己就站在旁边,掏出刚买来的面包,塞了一个在大娘手里,老大娘往外推着说:"孩子,俺不饿,你吃吧!""别客气,大娘,吃吧!先垫垫肚子。"

"孩子"这个亲切的称呼,给了雷锋很大的感触,他觉得就像母亲叫着自己小名似的那样亲切。他在老人身边,和老人唠开了家常。老人说,她儿子是工人,出来好几年了。她是第一次来,还不知道住在什么地方哩。说着,掏出一封信,雷锋接过一看,上面的地址他也不知道。老大娘急切问雷锋:"孩子,你知道这地方吗?"雷锋虽然不知道地址,但雷锋知道老人找儿子的急切心情,就说:"大娘,您放心,我一

二、艰难探索　奋勇前行

定帮助您找到他。"雷锋说到做到。到了抚顺,背起老人的包袱,搀扶着老大娘用地图找了两个多小时,才找到老人的儿子。母子一见面,老大娘就对儿子说:"多亏了这位解放军,要不然,还找不到你呢!"母子一再感谢雷锋。雷锋却说:"谢什么啊,这是我应该做的。"

过年的时候,战友们愉快地在一起开展各种文娱活动。雷锋想到每逢年节,是服务和运输部门最忙的时候,这些地方是多么需要人帮忙啊。他叫上同班的几个同志,一起请假后直奔附近的瓢儿屯车站,这个帮着打扫候车室,那个给旅客倒水,雷锋把全班都带动起来了。

雷锋的一生是平凡的,又是伟大的。他的名字成为时代精神的代名词,成为中华民族精神中的宝贵财富。

县委书记的好榜样

1962年冬天,正是豫东兰考县遭受"内涝、风沙、盐碱"三害最严重的时刻。就是在这样的关口,党派焦裕禄来到了兰考县,担任县委书记。焦裕禄深深地了解"涝、沙、碱"三害,自古以来就一直危害着兰考人民。今天,要制服"三害",要把它从兰考土地上像送瘟神一样驱走,必须进行大量艰苦细致的工作,付出高昂的代价。

他下决心先要把兰考县1 080平方公里土地上的自然情况摸透,亲自去掂一掂兰考的"三害"究竟有多大分量。当时,焦裕禄已得了严重的肝病,许多同志劝他不要下去,在家里听汇报。焦裕禄却坚持背着干粮、拿起雨伞,和大家

2. 白手起家 恢复经济

一起在兰考的原野上日夜奔波。

追沙,他一直追到沙落地;查水,他又是查到水归槽。干旱季节,他亲自用舌头辨别盐碱的种类和土的含碱量。在同自然灾害的斗争中,焦裕禄同志不顾重病缠身,忍受着严重疾病的折磨,在风里、雨里、沙窝里、激流里,坚持度过了一百二十多个白天和黑夜,跑了一百二十多个大队,跋涉五千余里,终于摸清了兰考"三害"的底细,对全县的大小风口和大小沙丘一个个查清、编号、绘图。全县淤塞的河渠,阻水的路基,不通的涵闸……也调查得清清楚楚,绘成了详细的排涝泄洪图。

在除"三害"斗争中,为了取得经验,焦裕禄亲自率领干部群众进行了小面积翻淤压沙、翻淤压碱、封闭沙丘试验。然后以点带面,全面铺开。他既是指挥员又是战斗员,同干部、群众一起出力流汗。不论在治理"三害"的土地上,还是在平时田间管理中,他走到哪里干到哪里。

焦裕禄

群众都把焦裕禄看成是"跟咱一样的庄户人"。

焦裕禄经常开襟解怀,卷起裤腿和群众一起干活,群众身上有多少泥,他身上就有多少泥。他经常和群众一起翻地、封沙丘、种泡桐、挖河渠……就在县委决定让他住院治疗的前几天,他还挥舞铁锨在红庙公社葡萄架大队,和群众一起劳动。

焦裕禄长期患病,家里人口又多,生活比较困难,可是他坚决拒绝救济。焦裕禄还经常教育子女到最困难的地方去,穿衣要朴素,生活要节俭。

今日兰考

焦裕禄的办公桌、文件柜,都是原兰考县委初建时买的,有不少地方已经破损。有人劝他换个新的,焦裕禄没有采纳这个建议,要求修了修,照样使用。他用过的一条被子上有42个补丁,褥子上有36个补丁,同志们劝他换床新的,他说:"其实,我这就很好,比我解放前要饭时披着麻包片,住在房檐底下避雪强多啦!"

1964年5月14日,焦裕禄不幸因病逝世,享年42岁。

3. "三线"建设立奇功

20世纪六七十年代,一场声势浩大的"三线"建设在我国中西部地区展开。成千上万的建设者奔赴三线,艰苦创业,勇于创新,创造了巨大的物质财富和宝贵的精神财富,为建设战略大后方作出了不可磨灭的贡献,在中华人民共和国建设史上竖起了一座不朽的丰碑。

经典回顾

中国航天城的崛起

西昌卫星发射基地,是我国三线建设的一个重点工程。工程建设于1970年开始,于1982年建成并交付使用。

1984年6月8日西昌卫星发射中心成功发射我国第一颗地球同步轨道卫星;1985年10月,

西昌卫星发射中心,始建于1970年

XSLC正式对外开放,承揽外星发射业务。西昌卫星发射中心成为中国对外开放最早、承担卫星发射最多、自动化程度

二、艰难探索　奋勇前行

较高、综合发射能力较强的航天发射场。西昌因此一举成为我国重要的航空、航天基地。加上西昌的高海拔、低纬度、云雾少、无污染、空气透明度高,被称为"中国航天城"。这个美名,极大地提高了西昌的城市知名度,增添了西昌作为现代科技城市的魅力,西昌从此走向世界,享誉全球。

成昆铁路,不仅是一条铁路

成昆铁路,1970 年 7 月 1 日建成通车,半年后交付运营,被联合国誉为"象征 20 世纪人类征服自然的三大奇迹"之一。

筑路,筑成一部史诗

坐在飞驰的成昆列车上,人们犹如在一幅壮美山水画中穿行:成都平原,翠绿满目;大渡河畔,峭壁飞瀑;群山叠嶂迎面来,峰回路绕"过山车"……

飞驰的成昆列车

成昆铁路 1952 年草测,1958 年动工,历时 12 年建成,由成都至昆明,行经四川盆地、横断山脉、云贵高原。

成昆铁路线曾被外国专家断定为"筑路禁区"——几乎出现了暗河、泥石流等所有地质灾害现象,地震烈度在7度以上的地段达500多公里,被称为"露天地质博物馆"。

但是站起来的中国人,不会被困难挑战吓退！在人迹罕至的千山万壑间,每个人都得像个"大"字,攀在峭壁上,一步一步移动,有时腰间拴上绳索,吊在悬崖半空测量……

为跨越地质地形障碍,成昆线架设桥梁991座,开凿隧道427座,桥隧长度占线路总长四成多。代表当时我国铁路建设最高水平的成昆铁路,18项技术和工程创中国之最,其中13项创世界之最。有人感慨："在当年技术条件下,成昆铁路建成是当之无愧的人间奇迹！"

是谁在"禁区"创奇迹？是谁让天堑变通途？是谁使蓝图成现实？是几十万筑路军民——他们用青春、汗水和热血,逢山凿路,遇水架桥,为祖国的万古江山画新图！

在成昆铁路1 083公里的铁道线上,共牺牲了2 100多名铁道兵战士,平均每500米就倒下一名烈士;沿线建有22座烈士陵园。

守路,从青丝到白首

"即使成昆铁路建成了,狂暴的大自然,也必将在10年内使它变成一堆废铁。"当年外国专家的断言,早已在事实面前不攻自破。

一代代护路人,在祖国西南的深山里,守了一辈子山头,看了一辈子石头,自己也熬白了头。

章显容当了32年看守工,在K246防洪看守点,一干就是27年。K246看守点的周围除了龇牙咧嘴的悬崖峭壁、湍

二、艰难探索 奋勇前行

铁路线上的护路工

急的大渡河,只有两条钢轨和一个看守棚。从王村棚洞出口到大火夹隧道口,300余米线路,就是章显容的巡线区域,每小时要巡视一次。

章显容和另外3名女职工,两人一组,8小时轮班,每5天换班一次。无论昼夜寒暑、风狂雨骤,在这300多米线路上,她们每天都要走几十个来回,只为监控崖壁上的风吹草动。

年过八旬的戴启宽,至今难忘岩窝边"荡秋千"的日子。"连猴子也难攀"的布祖湾出现险石,他前去排险。系着绳子下悬崖,当吊到崖窝边时,却没地方落脚,悬在半空。戴启宽急中生智,"在空中荡开了秋千,绳索被岩石磨得嘎嘎直响,我猛一荡,一把抓住崖壁上的藤子,用力一跃,闪身进了岩窝,排除了那几块松动的石头。"

戴启宽退休后,这支队伍就以他的名字命名,延续至今。

建成成昆线,是一个奇迹;守护好成昆线,又何尝不是奇迹?

3. "三线"建设立奇功

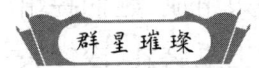

亓伟：让我日日夜夜看着攀枝花

1964年5月，中共中央作出开发攀枝花的战略决策。亓伟知道后，立即请求到攀枝花去开发宝鼎煤田。组织上让他先去看一看。亓伟离开四季如春的昆明，头戴草帽，身背水壶，足蹬草鞋，爬上了宝鼎山，仔细观察了煤田，决心把"宝贝"挖出来。

1965年1月，组织上正式调亓伟到攀枝花。他离开妻子儿女来到宝鼎山下，担任宝鼎山煤矿建设指挥部党委书记。当时生活艰苦，亓伟组织职工先搞"三通一住"（通水、通电、通路，解决住房）。他说："我们眼前这点苦，比起红军爬雪山、过草地、吃草根、咽树皮来，算不了什么。大庆人冒严寒战荒原，练了人，出了油，长了中国人民的志气。我们要以红军和大庆人为榜样，吃大苦，创大业。"在他的领导下，砌墙无砖，自己动手筑土墙；无瓦，割山草盖房；无木材，有计划地到森林砍伐；无公路，开山挖路；无灯，就用蜡烛、松油枝；无自来水，到金沙江边一盆一盆往上端。很快使职工安居下来。

攀枝花宝鼎煤矿旧址

"花木兰"班由彝、

二、艰难探索 奋勇前行

傣、纳西等各民族的12个16～20岁的姑娘组成,她们提出把盖房用的山草全包下来。于是,她们带上豆腐乳、冷馒头上山割草。第一天每人只能割30多公斤,回到住地腰酸背痛,有的低声哭泣。亓伟知道后把班长找来问,方知姑娘们想妈妈了。亓伟建议开个想妈妈的会。会上,大家谈了对妈妈的回忆。亓伟也谈了自己离家思念父母的体会,并说:"我希望你们在想念自己的母亲时,更多地想想祖国这个伟大的母亲,想想怎样使她富强,想想怎样为她做贡献。"花木兰"班的姑娘们割了一年茅草,保证了7 000多平方米房屋用草。班长李祥志被评为全市著名的"六金花","花木兰"班被矿区党委称为英雄集体。

新来矿区的工人,生活不习惯,亓伟常到宿舍嘘寒问暖、查铺。工人们常亲切地叫他"贴心书记"。

亓伟塑像

3."三线"建设立奇功

攀枝花建设全面上马,煤是建设的关键。亓伟带着200人,来到乱石、荒草、木棒交叉的井口,和大家商议如何恢复生产。在无通风设备的情况下,他同几个老工人冒着危险下井探察,经过28个昼夜苦战,日产原煤90吨,保证了攀枝花发电厂投产用煤。28个日日夜夜,亓伟和职工一样没有洗过一次热水澡,没有吃过一块肉,没有见过一片青菜。后来,他们又连续奋战16个月,终于建成年产15万吨的矿井。

接着,亓伟又投入到太平矿建设中。这个矿设计能力为75万吨,他到现场指挥,和工人一起打眼放炮,有时一干就是10多小时。当副井掘至300米时,有4处断层涌水,他同工人顶着淋头水打眼、放炮、铺轨。一天下来,他站立不住,行路困难。大家劝他回去休息,他说:"一个党的干部不能在群众艰苦奋斗时,自己躺在床上休息。"

1971年5月的一天,亓伟突然晕倒。经医院检查,他患肺癌已进入晚期。在生命垂危之际,亓伟仍笑着说:"同志们不要难过,我不要紧,望你们把攀枝花建设好……我死后,请把我埋在宝鼎山上,让我日日夜夜看着攀枝花出煤、出铁、出钢。"

1972年3月26日,亓伟逝世,终年60岁。

铁道兵:气壮山河的开路先锋

中华人民共和国成立后,曾于1955年和1958年两次组织人力开发大兴安岭,但由于极度严寒,都没能成功。1964年第三次开发终于成功了。此次开发的成功,应归功于英

二、艰难探索　奋勇前行

铁道兵纪念碑

勇的铁道兵。他们爬冰卧雪,风餐露宿,英勇开拓,顽强拼搏,克服无数难以想象的艰难困苦,付出了巨大的牺牲,硬是把钢铁轨道铺进了千年沉寂、人迹罕至的林海雪原,使嫩林铁路贯穿在大兴安岭山脉,一直延伸到祖国版图最北端的城市——漠河市。

在极端严寒和困苦的条件下,铁道兵战士付出了鲜血和生命的代价。每2公里就有一位战士付出宝贵的生命。可以说,这是一条用生命铺就的钢铁运线!

张春玉：铁道兵硬骨头战士

宣传画：硬骨头战士张春玉

张春玉,1963年3月从河北石家庄入伍。1965年他作为铁道兵第三师13团16连副班长参与了朝阳山1号隧道的施工。

一次,在与战友们刚进入隧道的工作区,突然,一块钢盔大小的石头从顶部掉下来,砸在战士郭凤堂的头部,郭凤堂当即昏倒在地。顷刻,鸡蛋大、拳头大的石块像密集的冰雹压了下来,一场塌方将要发生!

张春玉和战友临危不惧,舍生忘死,不顾个人安危,急忙冲上去,刚将战友郭凤堂推出险区,伴着塌方的轰隆隆巨响,一块重1万多斤的巨石将张春玉和战友王物件压倒在地。战士王物件当场壮烈牺牲,张春玉被巨石凹处罩住了上半身,凸处把腰卡住,人已昏迷不醒。闻讯赶来的卫生员马上撕开张春玉满是泥土的肩头,注进两针强心剂。经过两小时四十分钟的全力抢险,终于把巨石支起来了,张春玉得救了!他醒来时的第一句话就是:"小郭怎么样了?"当听说战友王物件牺牲时,他悲痛地说:"我是副班长,我没有照顾好他。"

张春玉因伤势过重被送往哈尔滨,住进了211医院。他的右胸三根肋骨骨折,左腿粉碎性骨折,左胯骨脱臼。住院后腿部先后经过5次大手术,终于可以重新站立起来了。铁道兵机关给张春玉

老照片:当年铁道兵风采

记了一等功。在那个年代,张春玉的精神曾经感染和鼓舞了大批参加大兴安岭会战的年轻人,成为军队和地方学习的榜样。

4. "两弹一星"树国威

"两弹一星"指核弹(原子弹、氢弹)、导弹和人造卫星。中国的"两弹一星"是20世纪下半叶中华民族创建的辉煌伟业。

1960年11月5日,中国第一枚导弹发射成功;1964年10月16日,中国第一颗原子弹爆炸成功;1967年6月17日,中国第一颗氢弹,空爆试验成功;1970年4月24日,中国第一颗人造卫星发射成功。

经典回顾

第一颗原子弹爆炸成功

中国第一颗原子弹爆炸成功

1964年10月16日,中国第一颗原子弹爆炸成功。这次核试验是15时(北京时间)在中国西部地区进行的。同日,中共中央和国务院联名致电参与首次核试验的全体人员和一切从事国防建设的同志们,热烈祝贺第一次核试验成功的巨大胜利。首次核试验的成功,标志着中国国防现代化进入一个新阶段。

第一颗氢弹爆炸成功

1967年6月17日上午8时20分,我国第一颗氢弹爆炸试验成功。当天深夜这条消息从北京传出。一时间,举国沸腾,举世震惊,各国争相报道、评论。

从第一颗原子弹爆炸到氢弹爆炸,美国用了7年零3个月,苏联用了4年,英国用了4年零7个月,而我国只用了两年多,以最快的速度完成了从原子弹到氢弹的跨越。

1996年7月29日,在成功地进行了又一次地下核试验后,我国政府宣告:从1964年10月16日第一次核试验起,经过30多年的努力,中国已建立起一支精干、有效的核自卫力量;从1996年7月30日起,中国暂停核试验。

中国第一颗氢弹爆炸成功

自1964年我国第一颗原子弹爆炸成功以来,每当蘑菇云从罗布泊升起,我国政府都郑重宣布:中国进行必要而有限制的核试验,发展核武器,完全是为了防御,为了自卫,为了保卫世界和平,为了打破核讹诈和核威胁,防止核战争,最终消灭核武器。中国在任何时候、任何情况下都不会首先使用核武器。

二、艰难探索　奋勇前行

太空响起"东方红"音乐

1957年秋,苏联发射世界上第一颗人造地球卫星成功,紧接着在1958年初春,美国也发射了自己的第一颗人造地球卫星,这引起了全世界的关注。就在这个时候,我国著名地球物理学家赵九章,向国家提出研制中国人造地球卫星的建议。毛泽东主席对这个建议十分重视,并在中共八届二中全会上说:"我们也要搞人造卫星。"

"东方红一号"卫星

中国卫星研制工作开始于20世纪50年代末期,是在基础工业比较薄弱、科技水平相对落后、国家财力有限的条件下发展起来的。当时不但国家工业基础薄弱,世界各国还对我们进行技术封锁,加上当时我国又处于自然灾害频发的动荡时期,因此,科学研制工作在异常艰难和曲折中进行。为了使中国人造卫星早日上天,中国科学院组织我国著名科学家们制订了一个"三步走"的发展规划:第一步,实现卫星上天;第二步,研制回收型卫星;第三步,发射同步通信卫星。

1970年4月24日,"东方红一号"卫星从中国西北酒泉卫星发射中心成功发射升空。"东方红一号"卫星肩负的主要任务是进行卫星技术试验、探测电离层和大气层密度。

"东方红一号"卫星,除了装有试验仪器外,同时还以20.009兆赫的频率发射《东方红》音乐。

在《东方红》乐曲响彻浩瀚宇宙的同时,所有炎黄子孙都深深感受到自豪与光荣;中国也开始向技术更新更全面、应用内容更广泛的新型卫星方面进军!

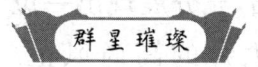

钱学森:中国航天之父

1938年至1955年,钱学森在美国从事空气动力学、固体力学和火箭、导弹等领域研究,在28岁时就成为世界知名的空气动力学家。

尽管在美国有着优厚的工作和生活待遇,功成名就的钱学森却始终关心着祖国的发展。1955年10月,钱学森终于冲破种种阻力回到祖国。回国后,他和钱伟长合作筹建中国科学院力学研究所,并出任该所首任所长。不久后,他就全面投入中国的火箭和导弹研制的工作中。

钱学森是举世公认的人类航天科技的重要开创者和主要奠基人之一,是工程控制论的创始人,是20世纪应用数学和应用力学领域的领袖人物,被称为中国近代力学和系统工程理论与应用研究的奠基人。

他主持完成了"喷气和火箭技术的建立"规划,参与了近程导弹、中近程导弹和中国第一颗人造地球卫星的研制,直接领导了用中近程导弹运载原子弹的"两弹结合"试验,

二、艰难探索 奋勇前行

钱学森

参与制订了中国第一个星际航空的发展规划,发展建立了工程控制论和系统学等。

钱学森淡泊名利、人品高洁,充分展现出一位科学大师的高尚风范。他说:"我作为一名中国的科技工作者,活着的目的就是要为人民服务。如果人民最后对我一生所做的工作表示满意的话,那才是对我最高的奖赏。"

2009年10月31日,这位被誉为人民科学家的科学巨匠,走完了98年的人生历程,溘然长逝。

2009年,钱学森被评为"100位新中国成立以来感动中国人物"。

于敏:为国雪藏30年

从一张白纸开始

于敏,出生于一个普通的家庭,从小就爱读书。1944年考入北京大学。本科毕业后他考取研究生,并在北京大学兼任助教。

1961年,正当于敏在原子核理论研究中可能取得重大成果时,钱三强找他谈话,秘密交给他氢弹理论探索的任务。当时于敏34岁,已经在国内原子核理论研究领域辛勤耕耘了近10年,并做出出色的成绩,但面对祖国的召唤,他毅然决定改行。

于 敏

从那一天起,他开始了隐姓埋名的生涯,一藏就是三十年。连妻子孙玉芹都没想到于敏是从事高级别秘密工作的。在中国核物理的几位开创者中,他是唯一一个未曾留过学的人,在氢弹的理论探索中,他从一张白纸开始,潜心专注研究新领域,举一反三进行理论探索。

在氢弹研制过程中,于敏提出从原理到构形基本完整的设想,成为中国氢弹研制中的关键人物。

于敏一生只有两次公开露面:一次是1999年,国家为"两弹一星"元勋授奖;另外一次是2015年1月9日,国家科技奖颁奖,于敏成为最高科技奖的唯一获得者。

"料事如神"的本领

于敏在科研中有一项特殊的本领,就是善于抓住物理本质来判断物理现象发展的结果,被简称为"粗估"。与他共事多年的一位院士称:"于敏的这种粗估方法是理论研究的灵魂。"

一次,一位法国物理学家在北京做学术报告。当时于

二、艰难探索　奋勇前行

敏只有32岁。这位专家刚把实验的准备、装置及过程介绍完,于敏便对坐在他旁边的院士说出了这个过程的分支比大约是多少,边说边在左手心上写着这个数字。

最后,法国专家公布了他的实验结果,果然不出于敏所料。

院士大为惊讶:"你事先看过这个实验吗?""没有""那你怎么算出来的呢?"

"这个问题的实质并不复杂……掌握住这一方法就能估出它的数量级来。"于敏说的方法确实并不复杂,但要掌握自如并不容易。物理学家的水平高低常表现在对一些基本理论、方法、技巧的掌握上。而于敏在这一方面有很高的造诣。

这种"粗估"方法被同事们争相效仿、借鉴,成为解决某些关键问题的"神器"。

2019年1月16日,于敏在北京去世,享年93岁。

林俊德:永不凋谢的马兰花

2018年9月20日,《新闻联播》播出了中央军委批准增加林俊德、张超为全军挂像英模的消息。由此,全军英模挂像,由张思德、董存瑞、黄继光、邱少云、雷锋、苏宁、李向群、杨业功8位,增至10位。

相信很多中国人,都是第一次听说林俊德这个名字。他是我国爆炸力学与核试验工程领域著名专家,是一位将军,更是一位院士。他一辈子隐姓埋名,52年坚守在新疆罗

4. "两弹一星"树国威

布泊的马兰,参与了中国全部的 45 次核试验任务!

深夜,月光如水,星斗满天。寂静中,一个苍老、沙哑的声音在房间里缓缓流淌——"马兰精神很重要,艰苦奋斗、无私奉献,希望大家继承马兰精神……我本事有限,但是尽心尽力……"

细细倾听,泪水顺着战友们的脸颊不住流淌——手机里播放的这段录音,是林俊德院士临终前一晚留给大家的遗言。

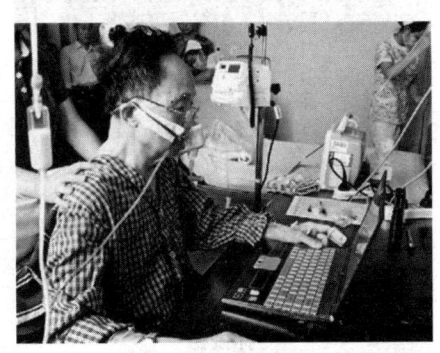

强忍剧痛,坚持工作的林俊德

这一刻,是 2012 年 5 月 31 日 11 时 09 分。在生命的最后一天,林俊德强忍着剧痛,还坚持伏案工作长达 74 分钟!

在原子弹爆炸蘑菇云升腾时的辉煌瞬间,有一个经典画面广为人知——人们纷纷跳出战壕,将帽子抛向空中,相拥而庆。

然而,更打动人们的,则是另一个鲜为人知的场景——当蘑菇云还在不断向上翻滚时,穿着防护服的科技人员,无所畏惧地向烟云开进,搜寻记录此次爆炸数据的设备。在那些义无反顾的身影中,就有他——林俊德。

回忆当时的情景,他多年的同事说:"那种情况就是上战场,根本顾不上个人生死。"那时,林俊德只有 26 岁。从走进罗布泊的第一天起,他就把这里当成了家,在大漠深处扎

二、艰难探索　奋勇前行

下了根。

在那激情燃烧的岁月里，林俊德和战友们每天都在拼命工作，每天都在和时间赛跑，每次核试验都创造了惊人的"中国速度"。

林俊德

我国第一颗原子弹爆炸试验，林俊德被指定为"核试验冲击波机测仪器研制小组组长"；我国第一颗氢弹爆炸试验，林俊德再次临阵受命，在零下20多摄氏度的罗布泊日夜奔波，研制试验新一代高空压力自记仪；地下核试验，林俊德和战友们背水一战，为地下核试验安全论证和工程设计提供了宝贵数据……

从1964年我国第一颗原子弹爆炸，到1996年我国进行最后一次地下核试验，林俊德参与了我国的全部核试验。

林俊德院士临终前再三叮嘱："死后将我埋在马兰……"

没有豪言壮语，没有热情颂歌。隐姓埋名，无怨无悔！

张蕴钰：一生为国"两件事"

张蕴钰将军是新中国的第一位核司令，我国核事业的发展，离不开这位在背后默默付出的将军。他一生低调，说自己只做了"两件事",然而对于国家和人民来说,却是感天动地的大事,值得14亿中国人民向他鞠躬致敬。

坑道战,坚持"以牙还牙"

张蕴钰将军说过一句话:"我这一辈子就干了两件事,一打上甘岭,一搞核试验"。这两件事从他的嘴里说出来,是那样的轻描淡写,但哪一件事,在我们听来都是无比震撼!

张蕴钰

为了保家卫国,33岁张蕴钰入朝参战,那是1952年的初冬,朝鲜的气候已经降到零度以下,他们来到了上甘岭,在这里与敌人巧妙周旋。

张蕴钰知道敌人实力很强,所以白天带着战士们躲在坑道里,晚上出来打夜战,用小分队偷袭敌人。张蕴钰坚持"以牙还牙,以眼还眼",用巧妙的战法把美国大兵搞得焦头烂额。

戈壁荒漠,建设核试验场

1958年,张蕴钰被任命为中国核试验基地第一任司令员,他们在有着"死亡之海"之称的罗布泊,建立了马兰核试验基地。

马兰基地位于新疆巴音郭楞蒙古自治州境内,这里夏

二、艰难探索 奋勇前行

季气温高达 50 摄氏度,能把人的皮肤灼伤,还有成群结队的毒蚊子,被咬一口身体就会马上肿起来。

可张蕴钰发现,环境如此恶劣的地方,居然开放着明艳动人的马兰花,于是这个实验基地有了一个美丽名字——马兰基地。

今日的马兰

几十年后回忆起这里的日子,张蕴钰还眼含热泪:"黄沙漫天飞,极度缺水,好多人嘴唇干裂,又是营养不良,又是夜盲症,他们问我,我们在这里有什么意义?"

我说:"我们要搞原子弹,一年搞不成我等一年,两年搞不成我还等,什么时候搞成了,我张蕴钰才离开这里,中国必须得有原子弹。"

受到鼓舞,大家干劲十足,从 1962 年到 1963 年,短短一年之内,他们修筑了 540 公里长的公路,盖起了自来水厂、电厂、宿舍楼,不到几年的时间,茫茫戈壁上就变了模样,有了生活的气息。

在所有人的共同努力下,核试验基地的指挥、通信、监测、观察设施都逐步完善,在原子弹爆炸中心修建的百米铁

4. "两弹一星"树国威

老照片：中国首次核试验爆炸马兰遗址

塔，也修建完毕。张蕴钰激动地说："就等原子弹爆炸了。"

1964年10月16日15时，中国的第一颗原子弹在罗布泊成功发射，7 000多米高的蘑菇云直冲云霄，爆炸的强光照亮了整个天空，刹那间天地响动，场面极其壮观。

这一刻所有的人都哭了，那是喜悦的哭泣，无论是科学家们的辛苦努力，还是张蕴钰将军在背后的鼎力支持，都是支撑着这朵蘑菇云成功爆炸的力量。

张蕴钰带着人生中只做过的"两件事"，匆匆地离开了我们。可将军留下的，是一代中国人民众志成城的团结奋斗精神。如今强大的中国，要永远感谢和铭记那些为中国复兴伟业作出贡献的伟大先驱们！

三、改革开放　决胜小康

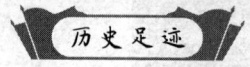

1. 1978年12月18日,中国共产党召开十一届三中全会。全会中心议题是把全党工作重点转移到经济建设上来。
2. 1997年7月1日,香港回归祖国。
3. 1999年12月20日,澳门回归祖国。
4. 1982年9月,党的十二大正式提出"小康社会",将其作为二十世纪末的战略目标。
5. 2002年11月,党的十六大,正式确立"全面建设小康社会"的奋斗目标。
6. 2007年10月24日,"嫦娥一号"卫星成功升入太空并进入预定地球轨道。
7. 1984年5月,青藏铁路一期工程建成通车;2006年7月1日,青藏铁路全线通车。
8. 2008年9月25日,我国神舟七号发射成功。
9. 2008年8月8日至24日,第29届奥运会在北京成功举行。

1. 消除贫困　共同富裕

改革开放极大改变了中国。正是因为改革开放，中华民族迎来了从站起来、富起来到强起来的伟大飞跃，中国特色社会主义迎来了从创立、发展到完善的伟大飞跃，中国人民迎来了从温饱不足到小康富裕的伟大飞跃。

经典回顾

敢为人先的小岗村

小岗村位于安徽省凤阳县城东南20公里的丘陵岗地。1978年夏秋之际，安徽省遭遇了百年不遇的特大旱灾，人民生活出现严重困难。

当时，中共安徽省委作出把集体无法耕种的土地借给农民耕种，谁种谁收的"借地种粮"决策。

"借地种粮"决策唤起了农民的生产自救积极性，从而诱发了凤阳县小岗生产队"包产到户"的行动。中学毕业生严宏昌，是当时小岗村少有的有文化的农民。他返

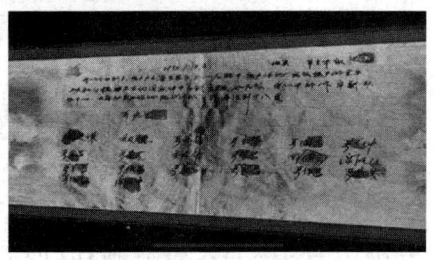
当年小岗村村民的红手印

回小岗村并当选村干部（副队长）。1978年11月24日，小岗村18位农民在严宏昌的带领下，在一张"包干到户"的字据上，按下了充满悲壮意味的18个红手印。他们一致认为，要想大家不吵不闹，都有碗饭吃，就不能再维持原来生产队的模式，只有一家一户地分开干才能成功。

严宏昌等村干部决定带头立一纸文书。文书中写道："我们分田到户，每户户主签字盖章，如以后能干，保证完成每户的全年上缴和公粮，不再伸手向国家要钱要粮；如不成，我们干部坐牢杀头也甘心。大家社员也保证，把我们的小孩养活到十八岁。"然后，他把小岗村18户人家的代表悉数写出，大家逐一在自己的名字上按上手印。这个带有手印的"契约"，成为反映中国农村改革历史性突破的重要文书。

1979年10月，小岗村打谷场上一片金黄。经计算，当年粮食总产量为66吨，相当于全村1966—1970年5年粮食产量的总和。

小岗村农民的"包产到户"，开启了全国农村家庭联产承包责任制的先河，成为农村改革的典例。

十八洞村的巨变

在湘西自治州花垣县深处，有一个古老的村寨。因村旁山中有18个天然溶洞，故命名为十八洞村。

2013年以前，这个偏远的地方是个典型的贫困村。全村939人，人均耕地0.83亩。村里的劳动力大多外出务工，

1. 消除贫困 共同富裕

留在村里的非老即小。

2013年11月,习近平总书记在这里,提出了"精准扶贫"的重要战略思想,作出了"实事求是、因地制宜、分类指导、精准扶贫"的重要指示。

中国邮票:《精准扶贫》

此后,经过数年奋斗,从村容村貌到经济产业,从经济收入到精神状态,十八洞村都发生了翻天覆地的变化。

精准扶贫工作开展后,十八洞村人拧成一股绳,宜种则种,宜养则养,宜游则游,走上了致富路。

如今,秀美古朴的十八洞村,村口,"精准扶贫"的石碑格外醒目。村内,砖木结构的苗家宅院,青草点缀的石板路,令人心旷神怡,传统苗寨焕然一新。

全村225户房前屋后都铺上了青石板路,房屋在保持原有苗寨风格的基础上进行了修葺。4.8公里村道全部铺上了沥青路面,双向两车道通行;核心景区配套建设了停车场、公厕、观景台、千

今日十八洞村

三、改革开放　决胜小康

米游步道。同时,升级改造了村小学和卫生室,建立了村级电商服务站,无线网络覆盖了全村。十八洞村被评为"国家旅游扶贫重点村",游客络绎不绝。

"云南第一村":走共同富裕之路

大营街社区,位于云南省玉溪市红塔区,是一个有着600多年历史的村。改革开放以来,大营街社区大力发展乡镇企业,不断壮大集体经济,获得了"云南第一村"的美誉。

"以农为主",到乡镇企业聚集

云南第一村

1983年6月,大营街9个生产队完成家庭联产承包责任制的改制。单干之后不到3年,大营街人又逐步把土地重新收归集体来办工厂,通过办厂达到共同富裕的目的。

1988年,大营街人建立了云南玉溪水松纸厂和云南玉溪卷烟厂滤嘴棒分厂。很快,铝型材厂、铝箔纸厂、油墨厂、铜材厂、太阳能厂等多家企业也相继建成。1992年,大营街经济总收入首次突破亿元大关,成为玉溪的第一个亿元村。如今,5 534人的大营街社区聚集了67户企业,营业收入在千万元以上的企业17户,上亿元的企业10户,形成了卷烟

1. 消除贫困　共同富裕

辅料配套、黑色金属压延加工、建筑建材、金属制品等优势产业。

发展成果全民共享

随着集体经济的壮大，大营街老百姓的日子越来越好。人们的居住环境有了极大的改观。

在居民辛保云的记忆里，1985年以前，土坯房、茅草屋是大营街人的标配，人均居住面积更是不足8平方米。后来，村里进行第一次民居改造，老百姓住进了青砖白瓦房，人均居住面积增至50平方米。2010年，大营街启动第二轮人居改造，投资13亿元，人均居住面积增至80多平方米。

大营街社区每年出资4 600多万元为居民投保，居民只要孩子一出生，就有养老保险；建了幼儿园，年满3岁的孩子即可免费入园；每个学生从初中到大学，每年都有补助金，年终每人还有分红；居民年满18岁就能到集体企业就业，退休后每

全民共享发展成果

月还能领取退休金；年满94岁、99岁，还能一次性领取长寿奖金……可以说，大营街实现了发展依靠群众、建设为了群众、成果让群众共享的全民共享模式。

三、改革开放 决胜小康

史来贺：最美奋斗者

史来贺,河南省新乡市刘庄村原党委书记,全国著名劳动模范,被誉为"在群众中享有崇高威望的共产党员优秀代表"。2019年9月,史来贺获得"最美奋斗者"荣誉称号。

为集体积累财富

刘庄地处豫北黄河故道,这里到处都是荒沟和高低不平的荒地。从1953年开始,史来贺带领刘庄人车推、肩挑、人抬,填沟盖碱,用了整整20年,把一块块荒地变成了"旱能浇,涝能排"的高产稳产田。

史来贺

种粮、种棉给刘庄人带来了温饱,但如何让刘庄群众富起来,史来贺琢磨来琢磨去,看中了畜牧业。1964年,当时集体的家底还不厚实,史来贺花90元钱买回3头小奶牛,后来派人到新疆买回27匹母马。经过精心饲养,3年后,小奶牛变成了一群牛,小马驹变成了大马群,大大加大刘庄的收入。

刘庄工业的起步也颇具传奇色彩。1974年,村里拖拉机上的喇叭坏了,换新的到处买不来,两名司机试着把坏喇叭拆下来修理,居然修好了。这下可乐坏了老史:咱能修喇叭,为啥不能造喇叭?在一无资金、二无技术的情况下,史来贺同大家一起进行试验,一次不行两次,小喇叭终于试制成功。开始时一天只能生产1对,后来增加到5对、50对、100对……刘庄的小喇叭响遍了大江南北。接着,史来贺带领刘庄人又陆续建起了食品厂、造纸厂、淀粉厂等,人们富裕了,集体财富增大了。

坚持改革,走好自己路

党的第十一届三中全会以后,随着家庭联产承包责任制的推行,我国农村勃发出一派生机。刘庄的土地分不分到农户?工厂包不包到个人?史来贺戴上老花镜,反复琢磨中央文件精神。他

今日的刘庄

广泛征求群众意见,确立了正确的联产承包责任制。实践证明:史来贺的决断和刘庄人的选择是正确的。这种新的经营方式,既充分发挥了集体经济的优越性,又极大地调动了个人积极性,为商品经济发展,注入了更为充足和旺盛的活力。

史来贺与村党委一班人几十年如一日,把教育当作头等大事来抓。为全面提高刘庄人的素质,刘庄投巨资建起了高

标准的学校，使村里青少年不出村就可以受到从幼儿园到高中的系统教育。在选拔有培养前途的优秀青年到高等院校、科研单位进修的同时，刘庄还邀请大专院校到村里办班。

"五十年红旗不倒"，既是说的刘庄，更是对史来贺的赞誉。刘庄始终坚持走一条适合自己的发展之路，始终坚持走一条共同富裕之路。史来贺为了刘庄的发展，为了刘庄群众的富裕，吃了一辈子亏，换来的是刘庄群众对党组织的无限信赖，换来的是基层党组织在群众中的凝聚力、感召力和战斗力。

金玉琴：一片丹心映党旗

"一人富不是富，一起富才是富。"正是这种想法，激励着金玉琴在当上村党支部书记后，领导安徽省黄山市黟县洪星乡红光村，在6年间实现了翻天覆地的变化。

红光村位于山区，林场资源丰富，祖祖辈辈靠采伐林木过活，但是交通不便严重影响了村民的出行和生产劳动。

"新官上任三把火。"金玉琴上任伊始，就把目光瞄准了村里的两条路和一座桥。"以前没有路和桥，村民上山过河都只能靠手提肩扛，碰到雨天山洪，更是完全不能出门。"金玉琴说，"即使困难再大，为了百姓，也一定要做好。"她下决心要把这件事办好。

建桥需要找设计师，她四处奔走寻人；预算高达110万元，她挠头不已……同时，有人提醒她：不修路和桥，村民走田埂和她没关系；要是路和桥修好了，村民开车出了事故可

1. 消除贫困 共同富裕

得承担责任。

面对困难和质疑,金玉琴有自己的想法:"当上了村党支部书记,这是村民的信任,即使困难再大,为了百姓,也一定要做好。"

于是,金玉琴在各个政府部门之间奔走,同时依靠各项扶贫政策,最终筹集了80多万元,于2014年为村里修建了全长3公里的两条路、一座20米长的桥。

"以前上山要走半小时,现在只要十几分钟,有了路和桥,通了汽车,机械也能运进山里,大大提高了生产效率。"金玉琴说。

红光村耕地匮乏,总是戴着"贫困村"的帽子。

金玉琴(布依族)

望着广袤的林场,金玉琴在种养殖业上动起了脑筋。怎么才能让村民主动参与进来呢?金玉琴有自己的一套办法。她率先垂范,开始在自己家承包的林场发展种养殖业。"这是一种尝试,也是一种示范。若种养殖业发展效果好,村民自然愿意加入进来,还能总结经验教训,给村民一些技术上的支持。"通过这种尝试,几年来,村级集体经济大幅提高,2016年,红光村就摘了贫困帽。

如今的红光村道路通了,路灯亮了,村庄美了,村民富了……这些年,金玉琴以自己的实际行动和崇高品格,谱写出一曲无私奉献的赞歌。

2. 人民城市为人民

改革开放以来,我国经历了世界历史上规模最大、速度最快的城镇化进程,城市发展波澜壮阔,取得了举世瞩目的成就。

坚持人民城市为人民,让人民群众在城市生活得更方便、更舒心、更美好,是党和政府做好城市工作的出发点和落脚点。

经典回顾

大手笔:开放14个沿海港口城市

今日深圳

1984年1月24日到2月10日,邓小平视察了深圳、珠海、厦门3个特区。回到北京后,邓小平同几位中央领导人商讨进一步解放思想,抓住机遇,扩大开放的问题。邓小平明确指出:"特区是个窗口,是技术的窗口、管理的窗口、知识的窗口,也是对外政策的窗口。"

随后,中共中央和国务院作出决定:开放天津、上海、大连、秦皇岛、烟台、青岛、连云港、南通、宁波、温州、福州、广州、湛江、北海等14个沿海港口城市,建立经济技术开发区,以此带动整个沿海地带的开放和发展。

大布局:建设粤港澳大湾区

粤港澳大湾区,由香港、澳门两个特别行政区和九个珠三角城市组成,总面积约5.6万平方公里,是中国开放程度最高、经济活力最强的区域之一,在国家发展大局中具有重要的战略地位。

推进粤港澳大湾区建设,是党中央作出的重大决策,是习近平总书记亲自谋划、亲自部署、亲自推动的国家战略,是新时代推动形成全面开放新格局的新举措,也是推动"一国两制"事业发展的新实践。推进建设粤港澳大湾区,有利于深化内地和港澳交流合作,对港澳参与国家发展战略,提升竞争力,保持长期繁荣稳定,具有重要意义。

幸福拉萨

拉萨市在"CCTV经济生活大调查"中,荣获"全国幸福比例最高的10座城市"第一名。这既是对拉萨整座城市的褒奖,也是对拉萨人民生活质量的认可。

无论是在放牧,还是在做工,或是在拥挤的公交车上,拉萨人民爽朗的笑声和开心的言语,都印证着拉萨人民的幸福生活。事实上,在中央电视台生活栏目调查中,拉萨市

三、改革开放　决胜小康

连续7年荣获"百姓幸福感最强城市"第一位。拉萨市委书记认为,拉萨市民的幸福感,得益于近几年的一系列政策,特别是有关民生的10项政策。

在拉萨,上学的费用基本为"零",拉萨的孩子上学实行了义务教育"三包"——包吃、包住、包学费的政策,并免费配送书本、校服、文具等。

拉萨市将"教学就业"当成政府重点民生工程,全市保持零就业家庭动态清零,高校毕业生实现全就业。

拉萨街头

为了让每个人都有一技之长,能找到工作,拉萨每年投入近亿元资金用于培训,包括农民免费办驾驶培训班、办烹饪培训班、办种蔬菜的培训班、办园林环保的培训班。拉萨现在整个的失业率控制在了千分之二以内,实际上几乎全部都实现了就业。

现在的拉萨,城市绿化面积前所未有,城市供排水系统达到百分之百。具有鲜明民族特色的大楼被延续了下来,一栋栋大楼拔地而起。

拉萨人过去穿的都是牛皮,不是很舒服,现在穿什么的都有,要什么都可以买到。过去的拉萨,要吃到新鲜的蔬菜,是很困难的。进藏的人坐飞机都带着几个西红柿、几个辣椒,大家都分着吃,现在海鲜、水果等应有尽有,水果和北京超市里的新鲜水果没有任何差别。电视、电话、汽车已经进入了许许多多的农户家庭。

每一个藏民从自己身边的变化——吃的、住的、行的、看的、上学的、看病等各方面都体会到一种前所未有的幸福感。

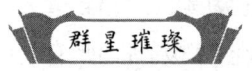

秦振华:美好城市的领跑者

秦振华,中共党员,改革开放进程中具有标志意义的人物之一。他大胆解放思想,抢抓机遇,奋力拼搏,推出一系列改革举措,推动张家港市经济社会跨越式发展,创下了28个"全国第一"。

1992年1月,56岁的秦振华担任张家港市委书记。刚一上任,他就响亮地提出两句话:一句话是"三超一争",即"工业超常熟,外贸超吴江,城建超昆山,各项工作争第一";另一句话就是后来叫响全国的张家港精神:"团结拼搏、负重奋进、自加压力、敢于争先"。

心有多大,舞台就有多大。秦振华带领全市干部群众取得一系列成就:

新建了全国县级市第一条高等级的张杨公路。1992年上任才个把星期,秦振华就带领考察团南下广东取经。"大路大发,小路小发,无路不发。"顺德县委负责人的一席话对

三、改革开放　决胜小康

秦振华

秦振华触动颇大。紧锣密鼓地结束了南方行程,归来前,秦振华就在白云机场停机坪紧急召开会议,决定筹备建设张杨公路。"一刻也等不及了!今天就筹备!"资金严重短缺、工程量浩大、施工难度极高,所有困难,"一个一个解决!"短短一年时间,全长33公里双向6车道的张杨公路建成通车,打通了港城东西交通的大动脉,构建了港、市相连的枢纽。

抢建全国第一个内河港型国家级保税区。1992年,国家要在江苏省建一个内河港型保税区,对于张家港而言,这无疑是一个重大机遇。省内南京港、镇江港、南通港的条件都优于张家港。"我们是没有条件,创造条件上!"4 000人大会后,3个月,1 284户村民动迁完毕;6个月,完成区内"五通一平"。"这个'金娃娃'一定要抢回来!"抢建保税区成了秦振华心尖儿上的事。10月16日,国务院批准张家港建保税区的公文正式下发。"以港兴市"的战略决策落到了实处,张家港掀起了新一轮建设高潮。

此外,建设了全国第一条步行街,创下了28个"全国第一"。全市上下大力度招商引资,一批世界500强和跨国大公司纷纷落户张家港。

秦振华有超前的生态环保理念。他在上级还没有要求和规定的情况下铁腕治污,一下子关停了70多家污染企

2. 人民城市为人民

今日张家港

业。全面实施摩托车不准进城,公共场所、步行街禁烟,全市禁放烟花爆竹、禁烧麦秸等一系列创新举措。张家港因此获得了国家卫生城市、全国环保模范城市等殊荣。

教育,历来是秦振华时刻牵挂在心头的大事。他提出创办一流的教育,发展一流的经济,建设一流的城市,三个"一流"置教育为首位,就是为了让港城娃绝不重复自己儿时家贫辍学的命运。

秦振华从领导岗位退下来后,把宣传"张家港精神"、推动区域经济协作作为自己的"新战场",到全国各地作了310多场报告。"人退志不退,位退心不退。"秦振华说,"我要继续宣讲好改革开放的新精神。"

谭双剑:不断进取的农民工

1996年,17岁的谭双剑,离开家乡河北省馆陶县,带着一卷铺盖、80元钱外出打工。

那年,谭双剑独自先到上海打工,后来又辗转到北京工地上当小工。他暗自揣摩:如果能掌握一点技术,至少比当小工有前途啊！于是，他一边自学，一边在实践中摸索。1999年，谭双剑成功考取了行业认证的高级电工证书。

1999年冬天，一家安装公司承接了国家气象局的一项弱电工程。工程开始后不久，配电柜安装发生故障，却怎么也解决不了。谭双剑听说后，带着他的电工队伍自告奋勇地赶到现场："让我试试吧。"他从源头排查起，顺藤摸瓜找到了故障所在，接着又连夜维修……20个小时后，故障终于排除，避免了数万元的误工损失。结算工资时，公司额外拿出2 000元作为奖励，谭双剑却坚持只收下自己的那一份，多一分也不要。

为了进一步充实自己，谭双剑报了夜大学习班。两年多时间，谭双剑陆续拿到了建筑行业中的项目经理证、工长证、工程师证等证书。2002年，谭双剑组建了自己的施工队伍，专门承接电路电气工程。员工越来越多，工程也越接越大，一些工程还得了优质奖。

2005年初，经过层层筛选，谭双剑率领他的团队，开始奋战在"鸟巢"现场。每次到施工现场，谭双剑都先关掉手机，仔细"扫描"着现场的每一个细节。工程建设关键阶段，他每天忙得连洗头都顾不上。2009年3月，一部名为《暴雨将至》的电影在"鸟巢"开机拍摄，电影正是以谭双剑的奋斗历程为原型。

2008年以后，在建筑行业名声越来越大的谭双剑，带领团队，承揽了更多的大型工程，包括北京房山首创奥特莱斯、中粮大悦城、北京友谊宾馆等。

2. 人民城市为人民

谭双剑

作为新生代农民工代表,谭双剑致富不忘回馈社会。带头捐资为家乡修路,向四川汶川、青海玉树等灾区捐款,资助贫困儿童……谭双剑热心公益,被中国国际慈善基金会授予"慈善中华行杰出形象大使"荣誉称号。

从 2010 年入党,到党的十九大代表,谭双剑深感自豪,更感一份沉甸甸的责任,"我将加倍努力工作,把党的关怀和温暖传递给更多农民工兄弟。"

作为党的十九大代表,谭双剑分外激动:"我们农民工遇到了好时代,虽然经历了数不清的挫折,但只要能吃苦、肯实干,怀揣梦想,就有成功的一天。"

项贵红:城市因你而美丽

她是每天迎接第一缕晨曦的人,三餐不定时,经常忙得忘记吃饭,累的时候只能在她的三轮车上小歇一会儿;她始终保持着满腔热情,以积极的态度去对待工作,努力地去扮靓我们的城市。她是一名普通的基层党员,也是一名朴素勤劳的城市美容师,她就是安徽合肥市的一位环卫工、党员班长——项贵红。

项贵红从2009年就开始了她的环卫生涯,身为共产党员的她,这么多年如一日,将满腔的热情倾注到环卫工作中。现在每次出门前,她都会在镜子前把橙色制服穿戴得整整齐齐,在她眼里,这身橙色制服更象征着责任。

项贵红班组负责清扫的辖区都是比较重要的道路。她带领着自己的精英团队练出一身好技能。她的班组中各个成员都是从业几十年的"资深环卫人",长时间从事环卫行业,早已练就了一双"火眼金睛"。在别人眼里车水马龙的景色,到了他们眼里,最先看到的往往是地上的果皮、塑料袋、烟头等,就连隐藏在绿化带里的垃圾,也逃不出他们的火眼金睛。

项贵红(左)

2. 人民城市为人民

"城市在提升,我们的工作质量也要改变。"这是项贵红经常对班组人员说的话,"不管是道路上的垃圾,还是人行道的灰沙,我们都要将精细化保洁落到实处,不能放过任何一个死角。"

项贵红在从事环卫事业这些年里,从不叫苦叫累,始终走在为人民服务的最前沿。2019年1月,合肥市遭受暴雪袭击,当时合肥道路积雪情况很严重,身为共产党员的项贵红勇于冲在第一线,为了尽快疏通道路,她连续奋战了好几天,带领队伍疏通道路积雪。

经过连续几天连夜加班,她因突发肠梗阻被紧急送往医院做手术。手术做完后,医生嘱咐她休假两个月,可她出院后一个礼拜便上岗了。在各种身体状况都不是很好的情况下她还是坚持工作,上至分管领导,下至班组环卫工人,都对她的工作态度给予了很高的评价和认可。她的身上体现出一名共产党员的优秀品质。

3. 重大工程　震撼世界

北斗组网、"天眼"探空、蛟龙探海、神舟飞天、嫦娥奔月，高铁奔驰、大桥跨海，航母下水、大飞机首飞，墨子"传信"，超算"发威""悟空"发功，南水北调、西气东输……中国一系列举世瞩目的重大工程，承载着光荣与梦想，彰显了中国力量。

经典回顾

长江三峡工程：中国人的骄傲

长江三峡水库泄洪

长江三峡工程是治理长江水患关键性的工程，也是小康社会的基础性工程。这座300多亿立方米的大型水库，使中国拥有了最大的水资源储备库，充分提高了中国的水安全可靠度。三峡工程是中华民族的伟大和骄傲，印证的是中国的强盛与辉煌。

长江三峡工程在防洪、发电、航运、补水等方面全面发

3. 重大工程 震撼世界

挥作用,体现出中国人民"治水""用水"理念和方法的日臻成熟。

2020年8月19日,长江三峡水库迎来建库以来最大的洪峰流量。大坝8个泄洪深孔同时打开,水柱从深孔中喷涌而出,在坝下激起巨大水雾。经过三峡水库的有效拦截,滔滔洪水平稳有序地泄入下游。

罕见洪峰来袭,三峡水库能有效减轻中下游的防洪压力。如果没有三峡工程控制,长江中下游将再次蒙受巨大经济损失。

最后一台70万千瓦巨型机组交付投产

2012年7月4日,三峡电站最后一台机组正式并网发电。这意味着,经过10多年的安装、调试,三峡工程设计安装的机组全面完工并投产发电。总装机容量2 250万千瓦的三峡电站全面建成投产,成为世界最大水电站和清洁能源基地。

如今,以这座全国最大的水电站为基点,一个供电半径上千公里、纵贯八省二市的三峡输变电系统腾空而起。有效缓解了华中、华东和广东等地用电紧张的局面。

三、改革开放　决胜小康

青藏铁路：吉祥、幸福的"天路"

青藏铁路被誉为"天路"，全长1 956公里，是重要的进藏路线，也是世界上海拔最高、在冻土上路程最长的高原铁路，更是中国新世纪四大工程之一。2013年9月入选"全球百年工程"，是世界铁路建设史上的一座丰碑。

青藏铁路分两期建成，一期工程东起青海省西宁市，西至格尔木市，于1958年开工建设，1984年5月建成通车；二期工程东起青海省格尔木市，西至西藏自治区拉萨市，于2001年6月29日开工，2006年7月1日全线通车。

青藏铁路

青藏铁路格尔木至拉萨段全长1 142公里，穿越海拔4 000米以上地段960公里，最高点为海拔5 072米的唐古拉山垭口，平均海拔4 500米，穿越多年冻土地带550多公里。无论是海拔高度、高海拔地区总里程，还是冻土段里程，都位居世界第一。

海拔5 068米的唐古拉山车站，是世界上海拔最高的铁路车站；海拔4 905米的风火山隧道，是世界海拔最高的冻土隧道；位于可可西里国家级自然保护区、全长11.7公里的清水河特大桥，是世界上建在高原冻土地段上的最长铁路

3. 重大工程 震撼世界

桥,也是青藏铁路专门为藏羚羊等野生动物迁徙而建设的全线最长的"以桥带路"特大桥;海拔4 700米的安多铺架基地,是世界上海拔最高的铺架基地;海拔3 050米

唐古拉山车站

的南山口铺架基地,是亚洲最大的高原铺架基地……

青藏铁路,对改变青藏高原面貌,增进各民族团结进步和共同繁荣,促进青海与西藏经济社会又快又好地发展,产生了广泛而深远的影响。

"奋斗者"挺进深蓝

外观酷似一条绿色大头鱼的"奋斗者"号,是国际上首次可以同时搭载3人下潜的万米载人潜水器。本领如此高超,要归功于它有着一颗强大的"中国心",在多个关键技术和重要材料领域,拥有很高的国产化程度,核心部件国产化率超过96.5%。

2020年10月10日,"奋斗者"号从三亚启航,前往西太平洋马里亚纳海沟海域,实施万米深潜试验任务。此后,一路捷报频传:

10月27日,下潜首次突破万米;11月10日,创造了10 909米的中国载人深潜新纪录;11月13日,完成了世界上首次载人潜水器与着陆器在万米海底的联合作业,并进行了

三、改革开放　决胜小康

"奋斗者"号正在下潜

视频直播。11月28日,"奋斗者"号全海深载人潜水器圆满完成万米深潜海试任务,顺利返回海南三亚。

"奋斗者"号陆续在马里亚纳海沟完成13次下潜,其中8次突破万米,创造了10 909米的中国载人深潜新纪录,标志着我国在大深度载人深潜领域达到世界领先水平。

港珠澳大桥

港珠澳大桥是一座跨海大桥,连接香港大屿山、澳门半岛和广东省珠海市,全长55公里,其中海底隧道6.7公里,是中国乃至当今世界规模最大、标准最高、最具挑战性的跨海桥梁工程。

港珠澳大桥

它是世界建筑史上里程最长、投资最多、施工难度最大,也是最长的跨海大桥;它被英国卫报评为"新的世界七大奇迹"之一;它把港珠澳三地的陆地通行时间从4个小时缩短到了30分钟;在大桥的建设过程中,科学家和

3. 重大工程 震撼世界

工程师们创造了400多项新专利、7项世界之最。

这座堪称交通工程界"珠穆朗玛峰"的港珠澳大桥，2018年1月1日正式通车。大桥的通车，将会直接形成珠海—香港—澳门的半小时时空圈，在珠海居住，到澳门娱乐，去香港购物，将不再是梦想！

穿越沙漠最长的高速公路

京新高速全长2 582公里，是亚洲投资最大的单体公路建设项目，也是世界上穿越沙漠最长的高速路。全线穿越中国四大沙漠之一的巴丹吉林沙漠和戈壁滩，多次经过无人区，施工环境异常恶劣，是继青藏铁路后又一具有典型艰苦地域特点的代表性工程。

高速公路穿过无人区

目前，中国高速公路总里程已经达到14.3万公里，位居世界第一。

三、改革开放　决胜小康

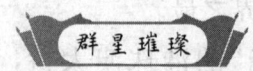

孙家栋：让中国"北斗"星耀全球

孙家栋，从"东方红一号"到"嫦娥一号"，从"风云气象卫星"到"北斗导航卫星"，背后都有他主持负责的身影；翻开他的人生履历，就如同阅读一部新中国航天事业的发展史……

2009年，在孙家栋80岁生日时，钱学森专门致信祝贺。钱老在信中说："自第一颗人造地球卫星首战告捷起，到绕月探测工程的圆满成功，您几十年来为中国航天的发展作出了突出贡献。共和国不会忘记，人民不会忘记。"

1994年，国家批准北斗一号立项，同年12月，孙家栋被任命为总设计师，带领北斗人逐步探索出具有中国特色的"三步走"发展战略。

孙家栋

2000年10月31日、12月21日，长征三号甲运载火箭分别将第一、第二颗北斗导航试验卫星送入地球同步轨道，建成了北斗一号系统。我国成为继美国、俄罗斯之后，第三个拥有自主卫星导航系统的国家。

2004年3月，中国绕月工程正式启动，孙家栋被任命为

3. 重大工程 震撼世界

绕月探测工程总设计师，75岁的孙家栋进入他一生中最忙碌的时期。一肩挑着"北斗"，一肩压着"探月"。"星星"与"月亮"紧密相伴。常常上午开"北斗"会，下午又要研究"探月"，孙家栋恨不得生出三头六臂。

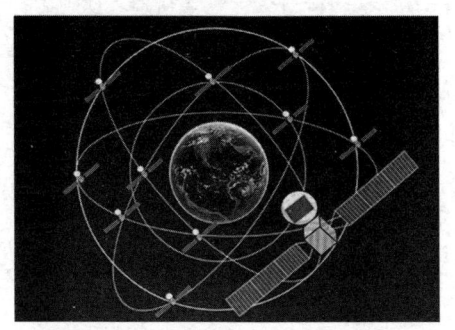

模拟图：中国北斗卫星导航系统

2009年，北斗三号系统正式启动建设。作为北斗系统工程的总设计师，孙家栋除了要为这项巨大的工程进行科学设计，还必须为整个工程确定一条底线——"核心技术自主可控"，这也是北斗系统的"生命线"，真正做到"北斗星、中国芯"。

2020年6月23日9时43分，西昌卫星发射中心，长征三号乙运载火箭成功将北斗三号系统最后一颗全球组网卫星发射上天。从1994年北斗一号系统立项伊始，30万人接力奋斗了26年，梦想终于实现，北斗星耀全球。

我们有一个共同身份：共产党员

2000年12月，38岁的李金城，成为举世瞩目的青藏铁路总设计师，也成了当时中国最年轻的长大铁路（长春至大连）总设计师之一。

上高原，第一个困难就是严重的高原反应。青藏铁路

三、改革开放 决胜小康

李金城

格拉段的平均海拔近4 500米,其含氧量仅为地面的50%。高原的低气压还使人体产生了特殊的生理现象:有一名职工因为用力稍猛了点,竟使前臂的毛细血管爆裂,顿时针状的血柱就像喷泉一样从胳膊上射出来,整条胳膊一会儿就变成了紫黑色。只要稍微重点的磕碰,这个部位就会像变魔术一样,马上鼓起一个大包。高原反应带来的恶心、呕吐,使吃饭成了一件很"痛苦"的事,但不吃饭体力更难保证。当时每支队伍的领导和共产党员,就有了一个"特殊任务":带头吃饭。常常是吃了就吐,但吐完还得咬牙接着吃。

酷寒也考验着人的忍耐极限。在青藏高原,年平均气温在零度以下,冬天最低气温可到零下45摄氏度,即使是夏天,夜晚最低气温也在零下10摄氏度左右。李金城和队员们多数时间都住在工地的简易帐篷里,夜里即使戴着皮帽子、罩着睡袋睡觉,也要被冻醒好几次。每天醒来时眉毛总是挂着冰霜。

严寒使得晚上露天作业的钻探队员们的手和脸上的皮肤极度脆弱,一碰就破。有一名职工在抓钻杆时忘了戴手套,结果在一瞬间手掌上的皮肤就被冻在了钻杆上,情急下一撕就掉了一大块。钻探工的钻杆一到冬天就特别危险,无缝钢管中有时存留有水,很容易被冻裂,冰会像子弹一样

3. 重大工程 震撼世界

射出来。

恶劣的气候也威胁着李金城和同伴们的生命安全。青藏高原8级以上的大风,平均每年要刮70多次,大风一刮起来就没完没了。有时半夜起狂风,职工们睡着睡着,帐篷的顶篷就会被风卷走。

高原的太阳,强烈的紫外线几乎能揭去人的脸皮,即使抹着厚厚的防晒霜,脸上照样会晒得脱掉几层皮,一个月下来,所有人都成了黑脸,有些皮肤敏感的小伙子鼻尖被晒得起了溃疡,终身留下难看的疤痕。"一天见四季,一里不同天",这是青藏高原的真实写照。

李金城第一次带队上高原是在2000年9月。也正是在那一次,他理解了青藏高原是"生命禁区"的含义。当时,他是青藏线的现场指挥长,团队担负了全线80%的勘测勘探工作量。其中最困难的一段就是位于

青藏铁路的建设者们

海拔4 700多米的安多县和海拔5 200多米的唐古拉山之间的"无人区",全长130多公里,属于全线平均海拔最高的地段。因为线路远离公路,勘测地段遍布沼泽,车辆无法进入,只能依靠人力。

李金城挑选了二十几个身强力壮的小伙子,各自备了十几个面饼和六七瓶矿泉水,早上5点,一行人从唐古拉山

兵站出发了。快进山的时候,下起了大雨,车开了十几公里就陷进了沼泽中,等他们想方设法把车推出来,已经是中午了。看着前面越来越密集的水坑,李金城决定徒步勘测,他和队友背着仪器向遍布沼泽的无人区腹地进军了。雨越下越大,大家的衣裤都被风雪浸透了。到了天黑,气温下降到了零下十几度。寒冷、疲劳、黑暗中不辨方向,一些人已经快坚持不住了。李金城把大家召集到一起,提出了3点要求:第一,思想上绝对不能垮,要挺住;第二,间隔不要太远,要随时清点人数;第三,扔掉部分食品和水,尽量减轻辎重。到凌晨4点,工作终于完成了,李金城也累垮了。

青藏铁路是成千上万名铁路人用自己的汗水、心血甚至生命完成的。青藏铁路一个来回2 000多公里,从2000年至2005年,李金城就跑了100多趟,总里程20多万公里。上青藏线之前,李金城体重是180斤,5年过去后降到了120斤。"我知道这是在透支生命,但这样的机会对于我,一辈子也只有一次,为了青藏铁路,就算是牺牲,我也认了。"

李金城还说:"我们这些铁路人,有一个共同的身份:共产党员!建设青藏铁路,对我们而言,不仅是一次人生挑战,更是一次战斗的洗礼。"

4. 文明美丽　和谐发展

中国特色社会主义，是全面发展的社会主义。站在新的历史方位，中国共产党对我国社会主义现代化建设，作出新的战略部署：经济建设是根本，政治建设是保障，文化建设是灵魂，社会建设是条件，生态文明建设是基础；我们要建设"天蓝、水清、地绿"的美丽中国。

经典回顾

2019年9月25日16时20分许，7架大型客机依次从跑道上起飞，标志着北京大兴国际机场正式通航。

北京大兴国际机场，位于北京市大兴区和河北省廊坊市广阳区之间，与天安门直线距离为46公里，是目前全球

国航 CA9597 次航班从大兴机场起飞

三、改革开放　决胜小康

建设规模最大的新建机场。机场建成了"五纵两横"的交通网络,1小时通达京津冀。

北京大兴国际机场工程建设,难度世界少有,其航站楼是世界最大的减隔震建筑,建设了世界最大单块混凝土板。初步统计,大兴机场已经创造了40余项国际、国内第一,技术专利103项,国产化率达98%以上。上千家施工单位参与,施工高峰期间5万余人同时作业,全过程保持了"安全生产零事故"。

北京大兴国际机场

北京大兴国际机场航站楼,是世界首个实现高铁下穿的航站楼,双层出发车道为世界首创,有效保证了旅客进出机场的效率。机场在全球枢纽机场中首次实现了场内通用车辆100%新能源,是国内可再生能源利用率最高的机场。

未来,北京大兴国际机场与北京首都国际机场年旅客吞吐量将突破2.5亿人次,北京将成为航空双枢纽城市。北京大兴国际机场还将服务北京和雄安新区建设,为京津冀协同发展提供新动力。

4. 文明美丽　和谐发展

"嫦娥五号"回家啦！

2020年11月24日凌晨，"嫦娥五号"月球探测器成功被送入地月转移轨道。"嫦娥五号"探测器是迄今为止我国研制的最为复杂的航天器系统。

长征火箭，准备升空！

"嫦娥五号"任务有望创造5个"中国首次"：一是地外天体的采样与封装；二是地外天体的起飞；三是月球轨道交会对接；四是携带样品高速地球再入；五是样品的存储、分析和研究。

2020年12月17日凌晨1时59分，"嫦娥五号"返回器，在内蒙古四子王旗区域成功着陆。"嫦娥五号"返回器返回，不仅仅预示着我国首次月球采样返回任务圆满

"嫦娥五号"回家啦！

完成，同时还标志着中国航天的又一里程碑，我国探月工程"绕、落、回"三步走规划如期完成。

让我们一起欢呼："嫦娥五号"回家啦！

三、改革开放　决胜小康

"天问一号"飞向火星啦

中国"天问一号"火星探测器

2020年7月23日，"天问一号"探测器在海南文昌成功发射。它将在太空中飞行约7个月后，到达火星附近，通过"刹车"完成火星捕获，进入环火轨道，并择机开展着陆、巡视等任务，进行火星科学探测。

"天问一号"的成功发射，意味着中国开启了自主行星探测的第一步。探测器之所以被命名为"天问"，源于屈原长诗《天问》，表达了中华民族对追求真理、探索太空的坚韧与执着。

塞罕坝享誉天下

2017年12月，河北塞罕坝林场建设者荣获联合国环保最高奖项"地球卫士奖"。当年"地球卫士奖"全部6个奖项中，来自中国的机构与个人获得了3个奖项。

会场内，当中国的环保成就被一次又一次提及，现场响起了热烈的掌声、欢呼声。这是联合国和世界对中国绿色发展理念、中国生态文明建设和塞罕坝精神的高度肯定。

73岁的塞罕坝林场退休职工陈彦娴，是林场第一批建

4. 文明美丽 和谐发展

设者中的一员,是前来领奖的3位林场代表之一。她说:"我代表三代塞罕坝人来领奖,激动的心情是无法用语言来描述的。在今天的中国,'绿水青山就是金山银山'这一重要理念,家喻户晓,它通俗而深刻地讲清了人与自然的关系,而塞罕坝的故事印证的也正是这样一个绿色道理。还有许多像塞罕坝一样的绿色奇迹,正在让古老的中国更加生机盎然。"

1962年9月,369名平均年龄不到24岁的创业者,肩负"为北京阻沙源、为京津涵水源"的神圣使命,从全国各地来到坝上,开始了艰苦卓绝的高寒沙地造林。

塞罕坝过去

恶劣的生存环境,是创业者要攻克的第一道难关。塞罕坝冬季漫长,年均积雪长达7个月,最低气温零下43.3摄氏度,加上偏远闭塞、物资匮乏,生活条件极其艰苦。由于缺乏在高寒地区造林的经验,头两年人们满怀希望种下的2 000多亩

塞罕坝今天

三、改革开放　决胜小康

落叶松,成活率还不到8%。超出想象的困难和挫折一度冷冻了人们的笑声和激情。

党交给的任务还没有完成,坚决不能退缩和放弃！关键时刻,首任场领导班子成员带头把家搬到了塞罕坝,以示决心。在他们的带领下,林场技术攻关组改进了"水土不服"的外国造林机械,改变了传统的遮阴育苗法,大大提高了造林成活率,让信心和希望在荒原上重新燃起。

就这样,他们克服了一个又一个困难,接续奋斗55年,终于创造了荒原变林海的人间奇迹,使得在自然状态下,至少需要上百年才能修复的塞罕坝生态,重现盎然生机。如今,林场造林面积达到了112万亩,成为世界上面积最大的人工林场,如果把这里的树按1米的株距排开,可以绕赤道12圈。

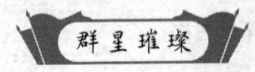

张桂梅:大山深处的"老师妈妈"

63岁的张桂梅,坚守滇西深山教育事业数十年,2008年创办了全国第一所全免费女子高中,迄今帮助1 800多名贫困女孩圆梦大学,创造了大山里的"教育奇迹",被学生、乡亲们亲切地称作"老师妈妈"。

2002年张桂梅萌生了创办一所免费的女子高中的想法,专门招收贫困山区的女孩,让她们考上大学,走出大山,彻底阻断低素质女孩成为低素质母亲,从而培养出低素质

4. 文明美丽 和谐发展

下一代的恶性循环。

为了实现这个梦想,张桂梅走上了一条自己筹钱办学的道路,但整整5年时间,她只筹集到1万元。正当她要放弃的时候,迎来了转机。2007年,张桂梅被选为十七大代表。去北京开会的时候,她穿着一件破了洞的裤子,这个破洞被一位记者发现了。不久后,一篇关于张桂梅的文章上报了,全国人民都踊跃捐款,她心心念念的学校也就办成了。2008年8月,全国第一所全免费女子高级中学建成。那一年的9月1日,96名贫困山区女孩,走进了华坪县女子高级中学。

学校是办起来了,但很快,张桂梅就遇到了更大的困难:办学之初,因为女高条件异常艰苦,学生又是降分录取等原因,一年之内,办校之初的17名教师就有9名申请离开。正在张桂梅心灰意冷的时候,一份档案给了她坚持下去的动力。回忆当时的情景,张桂梅这样说道:"我们留下了的8个老师,6个是党员,难道还撑不起这么一个学校来?抗日战争年代只要有一个党员,只要有一个人在,阵地就在,我这块阵地绝对不丢。"

为了这群在初中时期成绩平平,甚至是降分录取的农村女孩能够尽快提高成绩,张桂梅对女高的作息时间进行了严格的管理。每天早晨5点多,她手持小喇叭逐间宿舍喊学生起床,从起床到出操,再到课间休息,直到熄灯睡觉,张桂梅的小喇叭一直回响在女高校园中。天道酬勤,张桂梅的付出得到了最令她欣慰的回报:截至2020年,华坪女子高中连续10年高考综合上线率达100%,综合排名始终保

三、改革开放　决胜小康

我是一名共产党员,我有一颗火热的心,这颗心里面有党、有人民、有学校、有国家、有千千万万的孩子,我什么都有!

——张桂梅

张桂梅和她的孩子们

持丽江市第一名,1 804名山村女孩儿从这里考上大学、走出大山。

为了这些,张桂梅付出了太多太多。她没有房子、没有财产,十几年来一直住在学生宿舍。63岁的她身患20多种疾病,每天早上起床,脚疼得不敢着地,但她仍咬牙坚持。终日的劳苦奔波使张桂梅的身体每况愈下,肿瘤、肺纤维化、小脑萎缩等疾病缠身,这些病经常以不同的方式折磨着她。

2018年高考前夕,张桂梅在学校里晕倒了,可谁也没有想到,她醒来后说的第一句话,是对来看望她的县领导说:"请你帮我这个忙,能不能把我的丧葬费提前预支给我,我走了以后就火化了扔金沙江里,这些钱要都用在孩子们的身上,我才放心……"她总说:"我可能活不了几年了,在我活着的时候,我一定要看到她们走出去……"

但是,仅仅走出去还远不是张桂梅的终极目的,她一直在思考的是:我们要培养的到底是什么样的人?在女高的一年又一年里,张桂梅的脚步变慢了,嗓门变小了,疾病变多了,但她的目标更清晰了,她的立场更坚定了:从大山飞出去的那一刻,就要牢记身上肩负的使命,为家乡、为社会、

4. 文明美丽 和谐发展

为国家、为民族做贡献!

张桂梅传递给她学生的,绝不是简简单单的一纸文凭,而是一种力量,自刚、自强的力量。她像一颗火种,照亮了山区女孩的人生;她像一位勇士,手握利刃,斩断了贫困的代际传递!

如今,体弱多病的张桂梅并没有停下脚步,她仍然每天早晨5点起床,拿着小喇叭喊着:孩子们,起床……

2020年,中共中央授予张桂梅"全国优秀共产党员"称号;中宣部授予张桂梅"时代楷模"称号。

张定宇:与时间赛跑

在"疫情的风暴之眼",他拖着不治之症"渐冻"的身体,踩着高低不平的脚步,与病毒鏖战、与时间赛跑,带领医院干部职工,救治2 800余名患者。

他就是"人民英雄"国家荣誉称号获得者——湖北省卫健委副主任、武汉市金银潭医院党委副书记、院长张定宇。在抗击新冠肺炎疫情中,武汉市金银潭医院,被称为"离炮火最近的战场"。2019年12月29日,随着首批不明原因肺炎患者转入金银潭医院,这家老武汉人都未必熟悉的传染病专科医院,成为全民抗疫之战最早打响的地方,承

张定宇

担着大量重症及危重症患者的救治工作。

金银潭医院,每日灯火通明,彻夜忙碌,无人退缩。医护人员对生命的责任感,超越了对未知的恐惧。在各方支援到来前,张定宇和同事在一线撑了近一个月,除了诊疗,他们还要照顾病人的生活起居,清理医疗垃圾。张定宇一心扑在救治工作上。早上7点半,往往换班的医护人员还没到,张定宇就已经到了。收病人、转病人、管病人,每件事他都会到现场亲自过问。

"搞快点!搞快点!"在医院楼道里、病房里,大家常常听到张定宇的大嗓门。可伴随着嗓门儿越来越大,他的脚步却越来越迟缓,跛行越来越严重。曾经,张定宇因为担心影响医护人员的工作和情绪而说是"自己膝关节不好"。可面对一遍遍追问,他终于承认说:"我得了渐冻症。"渐冻症是一种罕见病症,慢慢会进展为全身肌肉萎缩和吞咽困难,直至呼吸衰竭。自己的身体,张定宇比谁都清楚,他在车后备厢里放了一根登山杖。最忙碌的那段时间,夜里回家的最后一段路,张定宇都要从后备厢取出登山杖,这个时候他不得不慢下来。

"我很幸运,自己病情发展不是那么快,所以我更加珍惜这份眷顾,尽可能多干一些工作,而我的工作就是救人。"回忆最难的日子,张定宇感慨道。但对家人,他觉得亏欠太多,就连妻子感染新冠肺炎住院,他也没能顾及。想到妻子可能会逐渐转化成重症、危重症,最后拉都拉不回来,他的眼泪就忍不住往下淌,可即便有再多牵挂,张定宇还是选择在抗疫前线坚守。唯一一次去医院陪妻子,是在她入院3

4. 文明美丽 和谐发展

天后，那晚 11 点多，张定宇跑去 10 多公里外的另一家医院探望，妻子看到他很疲惫，就催着他赶快回去休息，他陪了不到半小时……

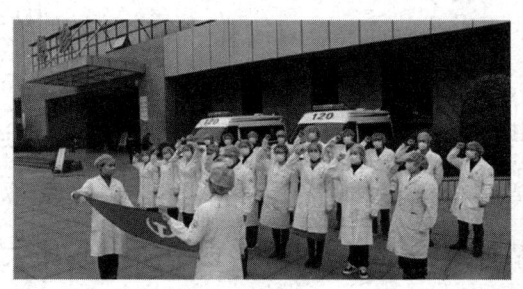

党旗飘扬在抗疫第一线

翻看张定宇的履历：在疫情面前，他作出的每一个选择都绝非偶然。他曾随中国医疗队出征，援助阿尔及利亚；2011 年除夕，作为湖北第一位"无国界医生"，出现在巴基斯坦西北的蒂默加拉医院；2008 年 5 月 14 日，四川汶川地震后，他带领湖北省第三医疗队出现在重灾区什邡市……从医 30 余年，每一次在患者和自己之间做选择，他都选择以患者为先。以"渐冻"之躯，张定宇硬是与疫魔拼出了惊心动魄的"中国速度"。

张定宇，是我们这个时代最可爱的人！

四、举旗逐梦 奔向强国

中国共产党永远与人民同呼吸、共命运、心连心,永远把人民对美好生活的向往作为奋斗目标,以永不懈怠和一往无前的精神姿态,继续朝着实现中华民族伟大复兴的宏伟目标,奋勇前进!

1. 2012年11月8日,中国共产党第十八次全国代表大会在北京召开,习近平当选为中共中央委员会总书记。
2. 2012年11月29日,习近平总书记首次提出"中国梦"。
3. 2013年3月,习近平当选为新一届中华人民共和国主席。
4. 为纪念中国人民抗日战争暨世界反法西斯战争胜利70周年,中华人民共和国政府于2015年9月3日在北京天安门举办抗战胜利日阅兵活动。
5. 2016年7月,习近平总书记在庆祝中国共产党成立95周年大会的讲话中,提出"不忘初心,继续前进"的理念。
6. 2017年5月14日至15日,北京举行第一届"一带一路"国际合作高峰论坛。

7. 2017年10月18日至10月24日,中国共产党第十九次全国代表大会在北京召开,习近平当选为中共中央委员会总书记。

8. 2018年3月11日下午,十三届全国人大一次会议举行第三次全体会议,通过《中华人民共和国宪法修正案》。

9. 2018年3月17日,十三届全国人大一次会议在北京人民大会堂举行第五次全体会议。习近平全票当选为国家主席、中央军委主席。

10. 2018年12月18日,庆祝改革开放40周年大会在北京隆重举行。

11. 2019年10月1日,北京举行庆祝中华人民共和国成立70周年盛大群众游行及阅兵式。

12. 2020年,我国实现农村贫困人口全部脱贫,贫困县全部摘帽,历史性地消除绝对贫困。

13. 2020年,我国全面建成小康社会,实现了第一个百年奋斗目标,这是我国具有里程碑意义的一年。

1. 让人民生活更加美好

中国特色社会主义进入了新时代,我们党和国家在继续推动发展的基础上,大力提升发展质量和效益,更好地满足人民日益增长的美好生活需要。

经典回顾

"央企姓党" 造福人民

在我国,中央企业作为中国国有企业,长期以来是中国国民经济的重要支柱。

目前我国经济实力大增,一大批重大工程惊艳世界。这些成绩的取得,都离不开央企的奋斗与创新。

深水建港

上海洋山港,总投资 700 亿元以上,规划总面积超过 25 平方公里,设计年吞吐量超过 1 300 万集装箱。建设期从 2002 年至 2020 年,共分四期建设,建成后成为世界最大的自动集装箱码头。

中国交建是上海洋山深水港建设的主要力量,提供了洋山港码头勘察设计、吹填造地、航道疏浚、码头及配套设施施工、港机设备制造和安装的全产业链服务。

1. 让人民生活更加美好

中国交建旗下振华重工的岸边集装箱起重机，占全球市场份额80％以上，遍布全球98个国家和地区的200多座港口码头，连续19年保持全球第一，其中包括"一带一路"沿线的52个国家和地区。平均每隔一天半，就有一台岸桥从振华重工上海长兴岛生产基地，发往世界各地，带有ZPMC标识的岸桥如钢铁巨臂一般，矗立在世界各大港口的码头上，支撑并见证着全球货物贸易的发展。

上海洋山港

献身海洋

经过中国海洋石油总公司6年多精心研究、设计和建造，我国首次自主设计建造的第六代3 000米深水半潜式钻井平台"海洋石油981"正式建成。

"海洋石油981"最大作业水深3 000米，钻井深度可达10 000米，代表了当今世界海洋石油钻

"海洋石油981"钻井平台

143

四、举旗逐梦 奔向强国

井平台技术的最高水平,填补了我国在深水钻井平台设备设计建造方面的空白。

中国可燃冰开采

水,是生命之源。海水淡化是缓解水资源短缺的重要路径。作为我国最早介入海水淡化领域的公司之一,中国国投开发投资公司,深入开展自主创新,让我国逐步摆脱了关键技术受制于人的局面。目前,北疆一期工程淡化水规模,已达20万吨/天,占全国淡化水总量的1/5。

鞍钢腾飞

管线钢是中国鞍钢集团的一项明星产品,在很多国家重点工程中,都活跃着鞍钢管线钢的身影。

2017年6月,鞍钢管线钢又化身"蛟龙"深探南海,使亚洲最大管径海底输油管线一次投用成功。

2019年,鞍钢开始为金海大桥独家供货的58 000余吨桥梁钢,这是鞍钢继供货港珠澳大桥、南沙大桥、深中通道沉管项目后,"鞍钢制造"又将为粤港澳大湾区擎起一座大桥,该桥是中国首座公铁同层合建跨海大桥,也是在珠三角入海口上建设的首座公铁两用大桥。

1. 让人民生活更加美好

人民电业为人民

从"村村通电"到"户户通电";从农村电网改造到城乡用电同价;从"一个不少"到"一个不差";从"用上电"到"用好电";从"有没有"到"好不好",中国国家电网有限公司,以"人民电业为人民"为宗旨,以实际行动为国尽责。

幸福就在青山绿水间

青海省果洛藏族自治州班玛县,美丽得像一幅画卷延展在青山绿水之间。

近年来,全县党员干部群众,全力以赴推进"高原绿""班玛蓝""河湖清"等建设行动,累计完成人工造林6 713公顷,封山育林3 333公顷,实施以省道、县道和农村道路为主的通道绿化75公里,森林覆盖率提高31.9%,森林绿化率达到64%。

班玛实验小学学生在走红军路

从荒废的荒山到绿树成荫的西山;从春秋季"尘满面"的昔日,到空气质量优良率、空气质量综合指数位不断提升;从植被缺少到荣获省级森林城镇称号……一个又一个新举措实施,一项又一项标志性成果,展现出班玛走绿色发展之路的雄心、决心和信心!

四、举旗逐梦　奔向强国

航拍班玛

如今,漫步在大街小巷上,绿树成荫的道路,为行人带来丝丝清凉;绿植环绕的"长征公园",成为人们纳凉休闲的好地方。水清天蓝景色新,曾经的希望变成了今天的风景。生活在班玛的人们,已经享受到了生态文明的福利。

群星璀璨

钟南山:人的生命是第一宝贵的

钟南山,我国呼吸疾病研究领域的领军人物,敢医敢言,勇于担当,他提出的疫情防控策略和防治措施,挽救了无数生命,在非典型肺炎和新冠肺炎疫情防控中,作出了巨大贡献。

2020年1月18日傍晚。正值春运,广州前往武汉的高铁票早已售罄,费了一番周折,钟南山老院士拿着"无座"票,匆匆坐上从广州开往武汉的G1022次列车。

一头华发,面色凝重,临危受命的老院士,闭目倚靠在高铁餐车座椅上,满面倦容:此次疫情,与非典既相似又不同,新型病毒到底有多危险,眼下还没人知道。

压力,来自病人的生命

2019年12月,湖北武汉,医院连着接诊了多个患者,他们的病症都差不多：起初是发热、干咳、乏力，随着病情加重，又出现呼吸困难。

狡猾的病毒，已经在这个有着千万人口的大城市里开始蔓延。

2020年1月7日，中国疾控中心成功分离首株新冠病毒毒株；1月9日，国家卫生健康委专家评估组发布病原体，初步判断为新型冠状病毒……

在这个看不见硝烟的战场上，中国一批病毒病原学、传染病防控、临床感染科专家在"迷雾"中跋涉探索。

钟南山与其他成员一同被国家卫健委紧急召集起来，组成国家医疗与防控高级别专家组，与前期派驻前方的工作组共同研判疫情形势，为中央提供决策参考。

1月19日的行程相当紧张：上午参加疫情研讨会后，立刻前往武汉金银潭医院和武汉疾控中心实地调研。中午来不及休息，下午开会到5点，又登上飞往北京的航班。到达北京，一行人马上赶往国家卫健委开会，回到酒店，凌晨2点来钟才休息。

钟南山

去武汉金银潭医院、疾控中心实地调查的一天里，钟南山每一个细节、每一个疑点都不放过，他不停地追问："昨天确诊了几例，前天呢？""病症什么样，怎么救治的？究竟还有没有更多病例？""到底有没有医务人员感染？"……

四、举旗逐梦　奔向强国

他和同行的专家越来越确信,这是一个沉重但却无法回避的结论:新冠病毒有人传人现象!这是急性传染病的大分界!

说话简洁,但石破天惊

"春节人口流动是很重要的一个因素,我们专家组的建议是,希望现在能不到武汉去就不去,武汉人能不出来就不出来。"

当晚,钟南山通过电视直播,向公众发出紧急呼吁,再次确认新冠病毒存在"人传人"现象。呼吁就像一记警钟,全社会对新冠肺炎疫情的认知迅速发生变化。

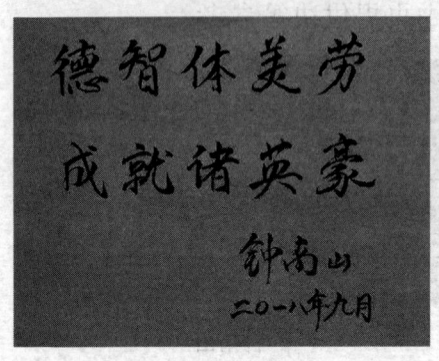

钟南山忙碌得甚至没有喘息的时间。他奔走在武汉、北京、广州三地之间,除夕之夜也不得歇息。他懂得,理性认识疫情,科学做好防治,才是战"疫"制胜之道。"抓住两个要害:早发现、早隔离,这是疫情预防和控制最有效的办法。"他这样主张。

"武汉减少输出,要对火车站、机场等口岸实行严格的检测措施,首先是测体温。"他这样建议。"目前没有特效药,戴口罩很重要。"他反复提示。

1月29日下午,钟南山与支援武汉的广东医疗队专家,一起对5个危重症患者进行远程视频会诊,用了6小时18分钟。

他出席讲座及各种疫情指导活动,30多个小时没合过眼!他与团队先后进行24场国际远程连线,与来自13个国家的科研临床专家进行经验探讨,为全球抗击新冠肺炎疫情提供建议。

医生不能轻言放弃

2020年2月初,62岁的新冠肺炎患者刘先生,被转运到广州医科大学附属第一医院重症医学科,当时患者病情已恶化,发展为急性呼吸窘迫综合征。

钟南山在指导工作

在钟南山的亲自指导下,医院重症医学科团队投入人力、物力全力救治。经历了"止血与防血栓"的救治拉锯战后,患者刘先生终于在8月27日康复出院!

"看起来必死无疑的患者,我们还是一样抢救回来了。"钟南山感慨万千。

拥有院士的专业、战士的勇猛和国士的担当,钟南山赢得了人们发自内心的赞誉。2020年8月11日,钟南山院士被授予"共和国勋章"。

获颁"共和国勋章"后,84岁的钟南山院士,依然坚持请战:"继续在呼吸系统疾病和突发性公共卫生事件防控上,为祖国贡献力量,不负国家给予的重托。"

四、举旗逐梦　奔向强国

王有德：生命不息　治沙不止

从空中俯瞰宁夏毛乌素沙漠，是一幅震撼人心的画面：一面是连绵起伏的穷荒沙漠，另一面是一道东西长 47 公里、南北宽 38 公里的"绿色长城"。这道长城，犹如一只绿色的手臂，紧紧勒住了毛乌素沙漠向西侵蚀的脚步，让沙漠后退 20 公里。这是世界治沙史上的奇迹，也是王有德带领白芨滩林场职工毕生奋战的成果。

王有德，回族，共产党员。18 岁那年，王有德和当地 20 多个村民，伴着风沙离开了家乡。1985 年，当王有德调任白芨滩防沙林场副场长时，望着茫茫沙漠，这个西北汉子立誓，要与沙漠抗争到底！

王有德开始带领职工在流动沙丘上固沙造林。白天，他顶着沙漠里 50 多摄氏度的高温和大家一起推沙平田，挖坑种树。晚上，他们就在沙窝中搭建的帐篷里点着蜡烛找

王有德

问题、想法子。每年冬天,林场只有7天到10天时间可以给树苗灌冬水。每逢这个时候,王有德就和全场职工日夜吃住在水渠边。有一年冬天,到了给树苗灌冬水的日子,水渠突然决堤,几千亩树苗即将面临灭顶之灾。王有德抱着麦草捆纵身跳进结着冰碴的水中。在场的工人当时都特别感动,看着场领导奋不顾身跳进水里,工人们也跟着跳进水里堵决口。奋战了整整一夜,决口终于堵住了。王有德因此患上了严重的关节炎。

治沙植树是苦活儿,王有德总是身先士卒带头干。1986年7月,在北沙窝地区500亩流动沙丘带开发果园时,离家仅3公里的王有德始终与职工住在4顶帐篷内,50多天没有回家。职工们7人一组打制砌渠用的水泥板,一天最多打210块,王有德加入后,一天打了580块。三伏天,沙漠温度高达60摄氏度,赤手光脚背着水泥板砌渠,每一步都像走在火炉上,可职工背一块板,王有德就背两块,脊背被水泥板磨烂,脚板被水泥和沙子烫出了大大小小的水泡。

治沙的人说,养个娃娃容易,在沙漠里种棵树难。千辛万苦栽好的树苗,常常一夜之间就被风沙埋葬。王有德和职工哭过鼻子流过泪,但活儿还要干,树还要栽。他给场里立下"铁规矩":拉来的树苗不许过夜,如果晚上树苗进场,就连夜栽好。一次次,他用那双长满老茧的手刨开沙土,看苗根扎好了没有。长年累月,他的指甲缝里钻满了抠不出、洗不净的陈年旧土,身上是抖不尽的沙子。

千万次的坚持和重复终于铺出了漫无边际的绿毯,牢牢罩住了滚滚流沙。昔日风沙肆虐的沙地,如今已是物种

四、举旗逐梦 奔向强国

丰富、生态优良的国家级自然保护区。

"与沙漠较量了一辈子,吃尽了苦头,但我觉得非常值得、非常骄傲。你看咱宁夏这些年,风沙少了,空气湿润了,天蓝地绿的生态美景正在变成宁夏的新名片……"王有德这样说。

毛乌素沙漠的今天

王有德的精神感染激励着白芨滩人,更鼓舞着宁夏的林业人、治沙人不懈努力。如今,宁夏连续20年实现沙化、荒漠化土地"双缩减",率先在全国实现沙漠化逆转,宁夏创造的防沙治沙经验,被当作"中国经验"在世界防沙治沙领域宣传、推广。

2018年12月18号,在庆祝改革开放40周年大会上,王有德被称为科学治沙的探路人,成为宁夏唯一一个在人民大会堂接过"改革先锋"奖章的人。

2. 努力建设现代化

"十四五"(2021—2025年)时期,是我国向第二个百年奋斗目标进军的第一个五年。

党中央提出,我们要办好的事情很多,其中有三件事情特别重要,这就是改革、开放、创新。

经典回顾

从桥梁,看发展

桥梁缩短了人和车辆跨越河流、山谷和海洋等天堑的距离,给人以便利,是国家实力、科技水平的一种象征。目前,我国已经成为世界第一桥梁大国,创造出多项世界桥梁新纪录。

★**丹昆特大桥** 位于京沪高铁江苏段,起自丹阳,途经常州、无锡、苏州,终到昆山。全长164.851公里,投资300亿,因处于经济发达地区,路网纵横,需跨越

丹昆特大桥

各类型等级道路180余条,2011年6月30日通车。为目前

四、举旗逐梦 奔向强国

吉尼斯世界纪录所记载的世界第一长桥。

四渡河大桥

★**四渡河大桥** 地处湖北宜昌与恩施交界处,是沪渝高速公路控制性桥梁工程。大桥主跨为900米,桥面宽24.5米;大桥恩施岸索塔高118.2米,宜昌岸索塔高113.6米,塔顶至峡谷谷底高差达650米,桥面距谷底560米,相当于200层楼高,是目前国内在深山峡谷里修建的全桥最长悬索桥,同时也是世界首座跨度达900米以上的山区特大悬索桥。

北盘江大桥

★**北盘江大桥** 长468.20米,高280米。位于云贵高原中部北盘江大峡谷上,山高路险,交通不便,地质地形复杂,施工环境极为恶劣。系贵州水柏铁路线上一座结构新颖复杂、技术要求高、施工难度大的单线铁路桥。

桥面与江面高差为280米,是我国首次将钢管混凝土拱用于铁路的桥梁,也是当年世界上最大跨度、最大单铰转体重量的铁路钢管混凝土拱桥。

★**苏通大桥** 位于江苏省境内,是国家高速沈阳—海口高速公路跨越长江的重要枢纽。苏通大桥于2003年6月

2. 努力建设现代化

开工至2008年6月30日建成通车。全长32.4千米,其中跨江部分长8 146米,桥面为双向六车道高速公路,设计速度100千米每小时,是当时中国建桥史上工程规模最大、综合建设条件最复杂的特大型桥梁工程。

苏通大桥

★**北盘江第一桥**

位于泥猪河之上,为杭瑞高速公路的组成部分。全长1 341.4米;桥面至江面距离565.4米;采用双向四车道高速公路标准,设计速度80千米每小时;

北盘江第一桥

工程项目总投资10.28亿元。于2013年动工建设至2016年12月29日建成通车。北盘江第一桥因其相对高度超过四渡河特大桥,刷新世界第一高桥记录而闻名中外。

★**南京大胜关长江大桥** 是中国江苏省南京市境内一座跨长江的高速铁路桥梁工程,是京沪高速铁路的控制性工程之一。建成时是世界首座六线铁路大桥,是世

南京大胜关长江大桥

界上跨度最大的高速铁路桥,也是世界上设计荷载最大的高速铁路桥。

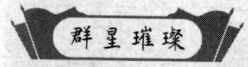

周永开:共产党员不能退休

"共产党员只能退职,不能退休。"这是曾任四川省达县地委副书记、纪委书记的周永开,常挂在嘴边的一句话。

"因为田坎跑得多,老百姓都喊我草鞋书记。"周永开离休后仍想着再为老百姓做点事,他把目光投向花萼山,护林4万余亩,种植清风林1 300亩;带动群众发展中药材种植,大伙儿不仅脱了贫,而且致了富;扶贫帮困助学,在母校设立"共产主义奖学金",奖励师生近400人……

余热献给深山

花萼山野生动植物种类繁多,被誉为"大巴山动植物基因库"。"因为穷,当地人把树砍掉当柴烧,开荒种粮,生态破坏严重。"1993年11月的一天,周永开首次上山,眼前的景象让他大吃一惊。

"要把绿色还给大山。"第二年,周永开花费数万元积蓄购买了一批树苗,在山上租了两间茅草房,带着两位退休干部踏上了保护花萼山的征程。

1995年初,为了对山上冬季资源再一次摸底,周永开带着一名向导徒步穿越花萼山,途经国家梁、小窝凼等险要之地,不小心深陷在积雪中动弹不得,经过紧急抢救才苏醒过来。"我找拐杖准备下床时,感觉杖底与以前不一样,提起看,多了一颗防滑铁钉。"谈起这件事,周永开依然激动,"那些年,我的19根拐杖上都有老百姓悄悄钉上的防滑钉。"

周永开

"莫砍树,不打猎,为了子孙后代要保护好山林。"周永开走遍花萼山乡镇和村庄,苦口婆心地宣传。山上条件艰苦,巡山一整天,饿了吃干粮,渴了喝山泉,晚上只能睡在垫着棉絮的木板上。在他的带领下,项能奎等5位村民成为义务护林员。

周永开的苦心有了回报。村民自发造林上百亩,林业部门在花萼山实施公益林项目,这些山林被村民亲切地称为清风林。20多年来,周永开护林4万余亩,种植清风林1 300亩;花萼山在2007年建成国家级自然保护区。

铭记党恩铸大爱

2000年的项家坪村还没有一个高中生。一天,周永开找到村党支部书记项尔方:"我们定向培养几个娃娃,帮助他们走出去。"最终,他选定7名学生,并联系爱心人士定向帮扶。

在周永开看来,捐资助学绝不仅仅是做好事,"这是培养我们事业接班人的大事。"一个六岁娃,父母打工时去世。看到孩子无依无靠,周永开看到了,忍不住泪湿衣襟。"孩子的生活我来照顾!"一句带着党性温暖的话语,如同一盏明灯,点亮了孩子的人生。周永开还在母校倡导设立"共产主义奖学金",先后奖励师生近400人。

在守山护林的岁月里,周永开经常动员亲戚朋友为贫困户捐款捐物,然后请人背上山,挨家挨户发送。村民蒋大杰说:"周书记送了好几套衣服给我们,我们也学'老革命',拿了两套送给了更困难的人。"看到特别困难的家庭,周永开便自己掏钱,这家给50元,那家给100元,早已数不清给了多少次。

清廉本色筑家风

至今,周永开还住在20世纪80年代国家分配的住房里,家具已经非常老旧。"其实,爷爷是有机会换房的。"孙女回忆道。2005年,达州市纪委集资建房,论资历和职级,周永开可以第一个选,"爷爷说:我退出,年轻同志就有机会。"有儿女提议把选房资格让给自己,被周永开狠狠批评了一顿:"你又不是我们单位的!"对于这样"倔强"的做法,家人早已习以为常。

组织准备提拔老伴,他说,能力不够,群众会有意见;组织要提拔儿子,他说,还年轻,再锻炼锻炼。至于孙辈,他更是顾不上,甚至见面都少。"小时候很少见到爷爷,只知道他做好事去了。长大后,看到乡亲们那么尊敬爷爷,我的自豪感油然而生。"孙女说。为正家风,周永开别出心裁地搞了个"家魂奖"。考试内容很特别,不是技能才艺,而是一年为群众做了多少好事。

周永开还积极发挥余热,为全市纪检监察干部上党课,常教育纪检监察干部说:"作为党章的忠实维护者,我们应该率先做到对党忠诚、清正廉洁、敢于担当。"

老去的是岁月,不变的是信仰。"一直到死,争当一名合格的共产党员。"这是周永开的初心,更是他毕生的追求。

2020年12月,党中央授予周永开"全国优秀共产党员"称号。

钟扬:感动中国的优秀共产党员

钟扬,植物学家,16年间在西藏行路50万公里,采集了4 000万颗种子;为西藏高等教育创造了许多个第一。他是一位教授,桃李满天下;他还是一位科普者,参与上海科技馆、自然博物馆筹建,承办近500篇中英文图文的编写工作。

16年为了植物种子

2001年,钟扬最初来到西藏,只是和同事、学生一起进行野外考察,没有人想到,他此后16年的工作重点都没有离开这片土地,直至那场车祸,才戛然而止。

他为种子而来。青藏高原是全国最大的生物"基因库",有1 000多种特有种子植物,但高寒艰险、环境恶劣,很少有植物学家涉足,也从来没人盘点过这个世界屋脊的生

四、举旗逐梦 奔向强国

物"家底"。

"10年前,即使在全世界最大的种子资源库中,也没有西藏地区的植物种子。"作为植物学家,钟扬深知种子的重要性,于是投身于收集种子的漫长征途。

为了收集西藏巨柏的种子,钟扬和他的藏族学生在雅鲁藏布江两岸,花了整整3年时间,给每一棵巨柏树进行登记,直到将世上仅存的3万多棵巨柏都登记在册。

钟扬血压高,身材又胖,刚到西藏时高原反应厉害,头晕、恶心、无力、腹泻。但钟扬从不抱怨,为装更多采样,他出门只带两个面包、一袋榨菜、一瓶矿泉水。几乎天天如此。

一次,钟扬提出去阿里采样,学生们叫苦,那里太高,而且物种较少,辛苦一天也只能采几个样,不比藏东南,物种丰富,条件也更好。钟扬却说:"正是因为别人不愿去,我们必须去。"

在工作日记中,钟扬曾有这样一段记录,足见住宿条件之艰辛:"半夜,一阵胸闷将我从睡梦中惊醒。我急忙唤醒同屋的博士生老王,说'开点窗吧',他应声起床。黑暗中,却听'哐当'一声巨响,一股寒风扑面而来——糟糕,老王把整面窗户从二楼推了下去……"

困难不仅于此,没有旅店,钟扬就裹着大衣睡在车上,突遇大雨冰雹就躲在山窝里,常常披星戴月赶路,峭壁上蜿蜒的盘山路,曾有巨石滚落砸中钟扬所乘的车……藏族同事给他起了个昵称——"钟大胆",只要对研究有帮助,他就一往无前。

2. 努力建设现代化

钟扬和团队已在采集的高原香柏中提取出抗癌成分;在雪域高原追踪数年,最终寻获了"植物界小白鼠"——拟南芥。此外,在钟扬的努力下,西藏大学成功申请生态学硕士点、博士点,其中生态学科还入选国家"双一流"建设一流学科名单。

钟 扬

申请国家自然科学基金时,每逢高原反应严重,钟扬常常一边插着氧气管,一边连夜修改研究报告。2003年,申报终于成功,成为西藏大学有史以来第一个国家自然科学基金项目。消息传来,整个大学都沸腾了。

教授,和时间赛跑

1997年,34岁的钟扬升任中科院武汉研究所副所长,3年之后,他又加盟复旦,做了一名普通教授。

看起来不知疲倦的钟扬,始终在和时间赛跑。在办公室的日子里,他总是工作到半夜,大门早已用铁链拴上,身高1米8、近100公斤的钟扬,常常跨过链条、吸着肚子,一点点从狭窄的缝隙中挤出去。后来在研究生院,院里索性为他单辟了门禁。

"钟扬对时间的分配真正是做到了见缝插针。"在办公室,钟扬列了小条子,每件事情都记录在案,完成一项拿掉

四、举旗逐梦 奔向强国

一个。

为了节省时间,钟扬每次出差都选择最早班飞机,只为上午到达后就能立即开始工作,为此他多次深夜睡在机场。最多的一年,钟扬坐了超过 170 趟的飞机,有时密集到一周 10 趟。钟扬常说:"老师有多勤快学生就有多勤快"。

钟扬和他的学生们

钟扬去世后,一些同事上门探望才发现,他家里竟一直是 20 世纪的老旧陈设,简陋的家具,老式的电视机。工作人员整理遗物时,在陪他跋山涉水的一条廉价牛仔裤上,还发现了破洞,在场人员纷纷潸然泪下……

2019 年,钟扬被评为全国十大"感动中国人物";中共上海市委追授钟扬同志"上海市优秀共产党员"荣誉称号。

3. 构建人类命运共同体

宇宙只有一个地球,人类共有一个家园。让和平的薪火代代相传,让发展的动力源源不断,让文明的光芒熠熠生辉,是各国人民的期待,也是一代政治家应有的担当。中国方案是:构建人类命运共同体,实现共赢共享。

经典回顾

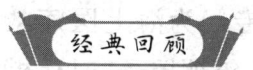

应对气候变化的中国担当

2018年12月15日,联合国卡托维兹气候变化大会落下帷幕。在本次气候变化大会期间,中国代表团积极地建设性地参与大会,为大会取得成功作出了重要贡献,获得了国际社会高度赞赏。

漫画:全球行动起来,应对气候变化

应对气候变化,中国担当永远在这里。自2012年以来,我国每年都发布《中国应对气候变化的政策与行动年度报告》。2007—2017年,中国在保持经济增长的同时减少了41亿吨的二氧化碳排放。

四、举旗逐梦　奔向强国

中国积极支持发展中国家应对气候变化,在发展中国家开展了 10 个低碳示范区、100 个减缓和适应气候变化项目及 1 000 个应对气候变化培训名额的合作项目。未来,中国将一如既往地坚持和推进全球气候的多边主义治理模式,提振国际社会合作应对气候变化的信心,积极参与构建人类命运共同体。

守望和平的"和平方舟"号

海军"和平方舟"号医院船,是中国专门为海上医疗救护"量身定做"的专业大型医院船。2019 年被授予"时代楷模"荣誉称号。这艘满载崇高荣誉的"和平号",将友谊、和平的种子,播撒到世界大海的滚滚波涛中。

"和平方舟"号医院船

"和平方舟"号医院船从 2008 年 4 月 23 日在青岛某海域第一次亮相,到 2019 年入列 11 年,航行 24 万余海里,为 23 万多人次提供医疗服务,航迹遍布太平洋、印度洋、大西洋,到访 6 大洲 43 个国家和地区,是当之无愧的军事外交"明星舰"。

2018 年 5 月 1 日,电视中传来中国与多米尼加正式建交的消息。2018 年 11 月 1 日,"和平方舟"号医院船首次到

3. 构建人类命运共同体

访多米尼加。一声长长的汽笛声,划破了多米尼加圣多明各港的宁静,也点燃了早已等候在岸边的人们期盼之情。

"中国的医院船来了!"多米尼加患者奔走相告,纷纷赶来就诊。这天,一场中多两国医生的联合会诊在"和平方舟"号医院船上展开,接受手术的是25岁的多米尼加女孩胡里萨。

出院那天,胡里萨特意穿上一件红色T恤衫,她要与中国医生、护士合个影。照片里,每个人脸上都挂着灿烂的笑容。

与医院船合影、与中国军医合影,似乎成为各国曾在船上接受过诊疗的患者的共同心愿。如今,翻看"和平方舟"号医院船一本沉甸甸的相册时,看到的是一张张笑脸。这些笑脸的背后,是医院船传递给世界的温暖力量。

2017年,"和平方舟"号医院船,来到遥远的西非。9月21日,医院船抵达塞拉利昂的第3天,一对塞拉利昂夫妇急促地找到船长。船长下令:"快!联系主平台!有产妇需要紧急手术!"原来,孕妇腹中的胎儿已经出现宫内缺氧症状,再拖下去,孩子很可能保不住。

接到报告,工作人员马上启动应急预案。很快,手术室准备就绪、病房准备就绪。8分钟后,手术室传出了婴儿的啼哭声。

这是"和平方舟"号医院船迎来的第6个小生命。这一声啼哭,带来了那一夜所有人欣慰的笑。

医院船病房内,丈夫握着妻子的手说,他决定给孩子取名"和平",因为小家伙出生在"和平方舟"号医院船上,而当

四、举旗逐梦 奔向强国

"和平方舟"号医院船在大洋上举行升旗仪式

天正好是"国际和平日"。

11年来,在"和平方舟"号医院船上出生的孩子们,有的取名叫"中国",有的叫"和平",还有的叫"中国玫瑰"……孩子的名字,传递着孩子父母对医院船、对中国军医、对中国诚挚的谢意。

中国医疗队在非洲

数十年来,"中国医疗队"在非洲几代民众心中,都是一个温暖的词汇。

当地百姓的"守护神"

"不要紧张,马上就好。"秦勤一边在显微镜下熟练地给拉马丹进行白内障手术,一边轻声安慰病人。来自南京鼓楼医院的秦勤,是中国第二十七期援坦桑尼亚桑给巴尔医疗队的眼科医生。

手术完成,秦勤和护士搀扶拉马丹走下手术台。拉马

3. 构建人类命运共同体

丹得知第二天就能重见光明,喜不自禁,连声道谢:"谢谢!谢谢!感谢中国医生带来健康福音!"

坦桑尼亚地处热带,紫外线强,白内障发病率高,病人年龄低,症状严重,手术难度较大。在国内平均10分钟就能完成的手术,在坦桑尼亚一般都需要半小时以上。一年下来,秦勤累计做了1 000多例手术,但她并不觉得辛苦,因为她觉得"没有什么比看到当地患者重见光明更开心的了"。

坦桑尼亚实行全民医保制度,不过,医生、药品都十分匮乏。中国医生带来了新医疗理念,每年中国还会援助当地急需的药品和器械。

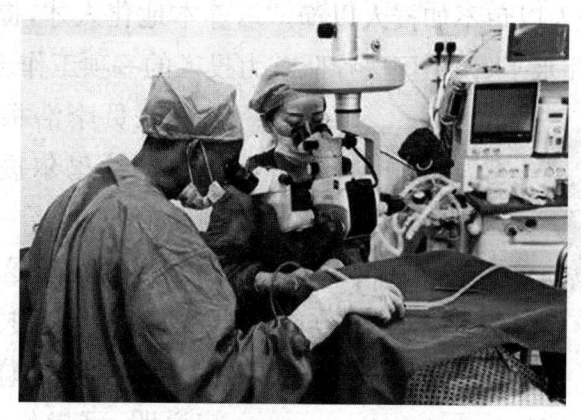

中国医生和当地助手正给病人做白内障手术

中国援桑给巴尔医疗队的医术精湛,是当地百姓心中的"守护神"。无论出租车司机、保安还是服务员,提起中国医疗队,人人都有故事要讲。

桑给巴尔前卫生部部长哈桑女士是中国医疗队的老朋友。40多年前她的大儿子苏莱曼就由中国医疗队接生,现

四、举旗逐梦　奔向强国

在她是中国医疗队驻地的常客,常常给医疗队送来水果、食物。她常说:"中国医生救了我和孩子的命,我怎么能忘了恩人呢?"

纳兹莫加医院妇产科只有 10 名医护人员,但每年要接生 1 万多名新生儿,还有很多手术只有中国医生才能主刀。有一次一名孕妇大出血,已经昏迷,家属都准备放弃了,在中国医疗队队员的坚持下,这名孕妇最终得以脱离危险。病人家属流下感激的泪水。

留下带不走的医疗队

"授人以鱼不如授人以渔。"培养本地化人才,提高坦桑尼亚医疗水平,是中国医疗队着力投入的一项工作。

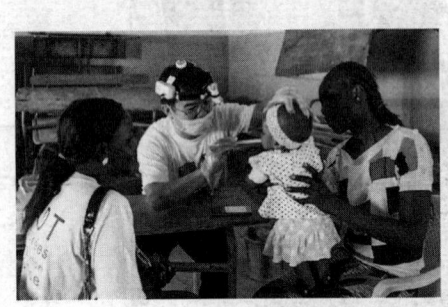

中国医疗队在当地开展义诊

队员李浩根据一年来在桑给巴尔援外积累的经验,编写了一本常见病处置教材。这本书的所有案例均来自当地,图文并茂,再加上详细的治疗说明,可操作性强,深受同事们欢迎。

除了培养人才,中国的技术和器械援助也解决了当地医院的燃眉之急,每年中方都援助纳兹莫加医院数百个专利止血水囊。一位来自德国的无国界医生在看到这么多成功救助的案例后不禁感叹:"中国实实在在把医疗技术带到了非洲!"

3. 构建人类命运共同体

群星璀璨

左云起：援外30年 奋斗30年

左云起，1972年开始从事援外工作，在援外战线上兢兢业业奋斗了30多个年头。他的足迹遍及亚、非两洲21个国家。

奉献事业太多

左云起原来在中央广播事业局从事广播专业技术工作。1972年，他接受上级委派到老挝执行援外任务，这一干就把他和"援外"紧密联系了30多年。

左云起和他的同伴们，工作在荒凉的老挝万象郊区，把所有的时间都花在维修设备、备课、上课上。每天上午修机器，下午上4个小时课，晚上还要准备第二天的教学内容。由于走得比较匆忙，他们几乎没带什么教学材料，完全靠自己的专业知识和经验来编写教材授课，其艰苦程度可想而知。在老挝执行援外任务的几年中，左云起和其他的中国专家，有时连饭都吃不饱，娱乐活动更是无从谈起。当左云起完成任务离开老挝时，他甚至连万象是什么样都不知道。

1981年，他第一次来到刚果（布），担任刚果（布）议会大厦广播扩声专业组组长。在援外工作中，左云起坚持向黑人兄弟尽己所能地传授技术、倾己所有地提供帮助。20多年过去了，如今当左云起再次走进刚议会大厦时，仍然会有

四、举旗逐梦　奔向强国

刚果（布）政府向我援刚朱埃
电台组组长左云起授勋

许多刚方技术人员激动地上前和他握手、向他问好。

1996年10月，60岁的左云起重返刚果（布），执行我国援刚果（布）朱埃电台大修项目。该电台位于布拉柴维尔南郊的朱埃山上，交通不便，环境恶劣，生活条件相当艰苦。左云起却仍然保持着良好态度。在他的鼓舞和带动下，组员们每天都乐呵呵的。别的专家组和华人华侨也都愿意上山来找左云起聊天，朱埃电台因此还多了一个非常富有中国特色的名字——"左家庄"。

内战后的刚果（布）政府组织比较混乱，办事效率低下。左云起心里始终有一个信念："我是中国政府派来援助刚果的，我必须维护中国政府的形象和利益。"就这样，经历了种种磨难和考验，历时八年，朱埃电台项目终于完成。

使馆的大使换了两任，其他人员更是换了一批又一批，而左云起始终坚守在"左家庄"里，从60岁一直干到了68岁。

给自己亲人太少

作为一名老共产党员，左云起心里装的始终是国家的利益。为了国家的援外事业，他没能当好儿子，也没当好丈夫，更没当好父亲。左云起父亲去世时，他在贝宁体育中心工作,无法送终。母亲去世时,他又在加纳工作,没能尽孝。每当想起这些,左云起就心生愧疚,难过不已。

30 多年的援外生涯,给左云起的家庭带来了许多缺憾,但是中、非人民永远不会忘记他。1998 年,左云起被评为"中直机关优秀共产党员",受到国家领导人的亲切接见;2003 年在朱埃电台大修项目移交仪式上,刚果(布)政府授予左云起共和国骑士勋章,这是时任总统萨苏第一次亲自为一位外国人授勋。

情系援外 30 年,左云起的援外生涯已经画上了一个圆满的句号,但中国的援外事业仍在继续,像左云起这样为援外事业尽心尽力、积极奉献的援外干部和技术专家,仍会继续涌现,充分展示着中国负责任的大国形象。

共产党员在"中国式排雷"

2006 年 4 月,中国应联合国邀请,首次派遣部队赴黎巴嫩执行维和任务。其中,被称为"刀尖上的舞蹈"的扫雷排爆,是中国赴黎维和部队担负的主要任务。

10 年间,中国赴黎维和部队累计发现、排除各种地雷及未爆物近万枚,创下扫雷"零伤亡、零事故"和"数量最多、速度最快"的优异成绩。

维和官兵向党旗宣誓

四、举旗逐梦　奔向强国

扫雷分队在排雷

扫雷连 80% 以上官兵都是共产党党员,尤其是组长、副组长这类负责挖掘、销毁地雷及未爆物的高危岗位,更是全部由党员担任。

2014 年,联黎部队打算在黎以边境东段新开辟一处安全通道。这里埋设着大量地雷,由于人为破坏和长年雨水冲刷,许多地雷发生位移,引信处于极度敏感状态。

面对危险,中国维和官兵主动请缨。他们每天跪在地上作业 10 多个小时,用小铲和毛刷像考古般在地上搜排。最终,经过近 4 个月的艰苦作业,成功开辟出一条长 200 多米、宽 3 米的安全通道。联黎部队官员多次到现场慰问中国官兵,并在通报中表扬:"中国军人承担了极度危险的任务,任务完成得非常出色!"

"没有完成不了的任务!"这是中国扫雷官兵常挂在嘴边的一句话,更是一批批共产党员在危难面前勇往直前的真实写照。

4. 永葆先进　继续奋斗

奋斗是一种积极进取的精神力量。中国共产党人在长期实践中形成的坚定理想、百折不挠的奋斗精神,是推动中国革命、建设、改革事业不断前进的强大精神力量,已经深深融入中华民族的血脉和灵魂。

经典回顾

中国高铁　领跑世界

2020年"十一"国庆期间,央视新闻新媒体推出的大型主题报道《坐着高铁看中国》,全景式展示了中国之美,8天8条铁路主线,带领广大观众网友走遍大好河山,看变化、赏美景、品美食、听故事,反映高铁线路开通后给沿线经济社会发展带来的巨大变化和老百姓"双城生活"故事。

目前,中国建成了世界上最现代化的铁路网和最发达的高铁网。截至2020年7月底,中国铁路营业里程达14.14万公里。其中,高速铁路达3.6万公里,稳居世界第一。

中国高铁

四、举旗逐梦　奔向强国

中国高铁功能齐备、智能便捷,让人们出行成为一种享受。

中国科技　突飞猛进

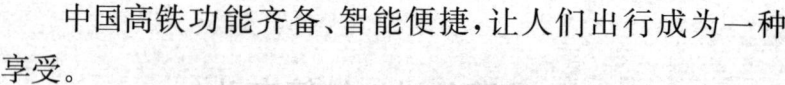

经过近几十年的埋头苦干,中国在人工智能、无人机、杂交水稻、石墨烯等技术方面,已经达到了世界领先水平。尤其是5G时代的到来,以华为、中兴为代表的中国企业,在世界5G专利排名中分别拿下了第一、第三名的良好成绩。中国成为拥有5G专利最多的国家,并在新一代通讯领域对国外技术实现了反超。

★5G,第五代移动通信技术,是最新一代蜂窝移动通信技术,也是继4G、3G和2G系统之后的延伸。5G的性能目标是高数据速率、减少延迟、节省能源、降低成本、提高系统容量和大规模设备连接。

中国的5G,目前有三大优势:首先,中国早已订立好5G的标准。其次,中国不断加大5G的投资。全中国5G基站建设总数,2019年已超过15万座,2020年底超过60万座,数量远超其他国家。据统计,目前中国建设5G基站的成本,只是美国的五分之一。最后,也是最关键一点,中国的华为、中兴、OPPO、中国电信科学研究院,这四家公司,加起来拥有全球36%的5G标准专利,其中华为就获得1 554项专利技术。中国5G关键技术专利更是位居全球首位。

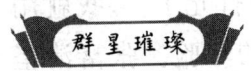

张富清:我是替牺牲的战友领这个奖的

张富清,战场上不怕生死奋勇杀敌,和平年代不提功劳埋头工作。如果不是退役军人信息采集工作,尘封63年的赫赫战功,可能会一直隐瞒下去。2019年9月,95岁的张富清,荣获"共和国勋章",张富清的名字才进入了人们的视线。

奋勇杀敌立军功

1948年11月,我西北野战军猛攻蒲城永丰镇。部队从下午开始发起进攻,但久攻不下,必须上突击队。就这样,炸碉堡的任务交到了24岁的突击队员张富清手上。

入夜,张富清带着两名战士向永丰城摸去。3人各背四五十斤重的战备到了城墙下,"必须往上爬,手指头全是血,抠着城墙爬,也不觉得痛,只知道要爬上去才能完成任务。"张富清想起那一夜的点点滴滴。

"爬上城墙后,我四处观察了下,然后就跳进城了。"当张富清猫起身来想寻找战友时,却被敌军发现,几把刺刀唰地围了上来。张富清下意识地端起枪扫射,打死七八个敌人,趁乱突出了重围。

四、举旗逐梦　奔向强国

"第一个碉堡炸开后,给了我很大信心,我沿着城墙跑,跑到第二个碉堡前,把这个也炸了。"来不及喘口气,张富清就遭遇了敌人。几个回合下来,他的子弹打光了。"我就用敌人的枪打。"每一分钟,都是生死存亡的考验。张富清坚持下来了,等到部队攻进城找到他,已经天亮。

"到这个时候我才觉得筋疲力尽,爬都爬不动了。"瘫倒在地时,张富清才发现自己浑身是血,头皮被削掉了一大块,流到脸上的血都已经干了。

在硝烟弥漫的战斗岁月中,张富清跟着部队从陕西一路打到新疆,先后多次立功。

年轻时的张富清

"彭德怀同志曾经拉着我的手说'你是个好同志',王震同志亲自给我戴过军功章……"张富清从来没有向家人提及这些荣耀的瞬间,他的《报功书》,他的"人民功臣"奖章,他的立功登记表,都被收进了一个破旧的暗红色皮箱。

几十年来,他选择深藏功与名,只做"自己该做的事",甚至连他的家人都不知道他是战斗英雄。

辛勤工作淡功名

1955年,张富清含泪告别军营,申请去最艰苦的地方工作。

从粮油所到外贸局、建设银行,张富清经历过一些跨度

4. 永葆先进　继续奋斗

很大的岗位。老同事们至今都佩服他用不完的精力和始终投入的工作状态，评价说："他的奉献精神，没有人能做到。"可是张富清认为自己只是"做了该做的"，他曾经泪流满面地说："和牺牲的战友相比，我已经很幸运了。我还活着，还能有什么要求？"

张富清带着这样的心情，默默奉献了60多年。每一次面临人生选择时，他都选择牺牲自己的利益，照顾他人的利益，响应党和国家的号召。

张富清从不以英雄自居。夏天闷热潮湿，张富清却每天戴着帽子。妻子好奇过："夏天戴帽子干什么？不热吗？"张富清笑一笑："还是戴着好，不然一吹风就头疼。"他没说原因，那是永丰城战役中子弹擦过头顶留下的后遗症。

张富清曾多次拒绝外人采访，在他心里，战斗经历和工作经历"只是一个共产党员、一个革命军人该做的事情"。儿子只好去"哄"老人："这是组织上来人了解情况，是公事公办。"张富清的故事这才首次被湖北当地的媒体报道出来。

张富清

张富清总是想起过去牺牲的那些战友。"如果我牺牲了，荣誉就是战友的。今天的荣誉，属于千千万万革命英烈。我是替牺牲的战友，领这个奖的。"张富清说。

本书编写过程中,学习、参考并借用了一些文本资料及图片。由于时间关系,一时难以联系有关作者,在此表示歉意,并衷心感谢对本书的支持。